DER EINARMIGE JUDO CHAMPION

Für meinen Vater, der mit 88 Jahren

noch immer kreative Superkräfte hat.

verlag hermann schmidt

D
O
M
I
N
I
K
  I M S E N G

Der einarmige Judo-Champion

Inhalt

Vorwort: *»Ich hab's!«*

• DIESES BUCH hat einen heimlichen Co-Autor: Wickie, den Helden einer Trickfilmserie aus den 1970er-Jahren, von der ich als Kind keine Folge verpasste. • Wickie ist ein kleiner Wikinger. Aber kein gewöhnlicher. Er ist schwächlich und ängstlich – das völlige Gegenteil seines Vaters, des Wikingerhäuptlings Halvar. Aber Wickie ist klug und erfindungsreich. Mit schlauen Ideen hilft er den Bewohnern seines Dorfs immer wieder aus der Patsche. So beschießt Wickie zum Beispiel Angreifer mit heißer Fleischbrühe oder konstruiert aus Tierfellen riesige Winddrachen, damit die Schiffe der Wikinger über die Köpfe ihrer Feinde hinwegschweben können. Und wenn gierige Steuereintreiber das Dorf von Wickie

heimsuchen, lässt er ein
Aquädukt bauen und spült
die fiesen Beamten ins Meer.
Wickie lehrte mich, dass
man nicht Muskeln und Mut
braucht, um Heldentaten zu
vollbringen. Man kann auch
einfach nachdenken, sich
dabei die Nase reiben und
auf einmal begeistert »Ich
hab's!« rufen. Weil einem
gerade eingefallen ist, wie
man sich und seine Freunde
aus einer misslichen Lage
befreit. Seit jenen Tagen vor
dem Fernseher bin ich fas-
ziniert von »Kreativhelden«,
wie ich sie nenne – Men-
schen, die über Herausfor-
derungen triumphieren, weil
sie eine schlaue Idee hatten.
Mit den Jahren merkte ich,
dass es diese Menschen in
allen Zeiten und Bereichen
gab. Und ich begann, ihre
Heldentaten zu sammeln
und zu analysieren. Wie

kommen »Wickies« auf ihre Ideen? Wie »ticken« sie? Welche Tricks und Kniffe wenden sie an? Das Ergebnis meiner Beschäftigung mit Kreativhelden ist dieses Buch. Es lehrt Sie 50 kreative Superkräfte, um allen Widrigkeiten zum Trotz Erfolg zu haben. Sind Sie bereit, »Ich hab's!« zu rufen? Dann blättern Sie um und entdecken Sie die erste kreative Superkraft.

Dominik Imseng

Hindernis

DAS IST DER WEG ››› › › › › › › › › ›

•SIE SCHUFEN eines der
größten und beständigsten
Imperien der Geschichte –
mit Hilfe eines Raben. • Im
dritten Jahrhundert v. Chr.
hatten die Römer die itali-
enische Halbinsel erobert.
Doch weil sie nicht wussten,
wie man Kriegsschiffe baut,
beherrschten noch immer
die Karthager das Mittel-
meer. • Eines Tages hatten
die Römer Glück. Sie fanden
das Wrack eines karthagi-
schen Kriegsschiffs. Schnell
nahmen sie es auseinander,
um zu verstehen, wie es
gebaut war. Dann kopier-
ten die Römer das Schiff.
Wieder. Und wieder. Bis sie
ihre eigene Flotte hatten. •
Allerdings zeigten die ersten
Seeschlachten, dass ihnen
die Karthager zu Wasser
überlegen waren. Die Römer
errangen ihre Siege in Feld-
schlachten – dank der

Disziplin und Entschlos-
senheit der Legionäre. Die
Karthager blieben darum
lieber auf ihren Schiffen.
Die Römer dachten schon,
dass ihr Herrschaftsgebiet
nie über Italien hinaus-
reichen würde. Da hatte
einer ihrer Schiffsingeni-
eure eine Idee. Er rüstete
die römischen Schiffe mit
einem elf Meter langen Steg
aus, der an einer Seilwinde
hochgezogen wurde. Unter
dem Ende des Stegs war
ein großer Eisensporn, der
an den Schnabel eines Vogels
erinnerte. Darum nannten
die Römer die Konstruktion
»corvus« (lat. Rabe). Sobald
sie nah genug an ein Schiff
der Karthager herankamen,
ließen die Römer den
»corvus« herunterkrachen.
Und der Eisensporn bohrte
sich tief in die Planken
des gegnerischen Schiffs.

Dann stürmten die Legio-
näre über die Enterbrücke
und taten das, was sie am
besten konnten – den Feind
im Schwertkampf besie-
gen. Der »corvus« erlaubte
den Römern, aus einer See-
schlacht eine Feldschlacht
zu machen. Mit dem Resul-
tat, dass sie das Mittelmeer
schon bald »mare nostrum«
nennen konnten – unser
Meer.

Kreative Superkraft Nr. 1:
Machen Sie aus einem Minus ein Plus

Was könnte *Ihr* »corvus« sein? Wie
könnten auch Sie eine Schwäche in eine
Stärke verwandeln?
Was Sie als Hindernis empfinden, ist
oft der Weg, der Sie am schnellsten
ans Ziel führt.

Königliche

Kartoffeln

• FRIEDRICH der Große tobte vor Wut: Obwohl seine Untertanen regelmäßig Hunger litten, wollten sie keine Kartoffeln essen. »Diese Knollen schmecken nach nichts«, beschwerten sich die Preußen. »Nicht einmal Hunde würden sie fressen.« • Der wahre Grund, warum Friedrichs Untertanen keine Kartoffeln aßen, war ein anderer – sie hatten Angst vor ihnen. Schließlich stammte die Pflanze aus Amerika, einem neu entdeckten Kontinent, dessen halbnackte Bewohner noch nie von Jesus Christus gehört hatten. Was für teuflische Knollen mochten diese seltsamen Kartoffeln wohl sein? • Friedrich der Große erließ nicht weniger als 15 »Kartoffelbefehle«, um den Anbau der Pflanze in Preußen durchzusetzen. Doch nichts passierte, worauf Ihre Majestät allen Untertanen Nase und Ohren abschneiden wollte. • Zum Glück erinnerte sich Friedrich daran, dass er kein Despot war, sondern ein aufgeklärter Herrscher – und ein schlauer Psychologe. Darum ließ er feierlich verkünden, dass Kartoffeln ausschließlich von der königlichen Familie verspeist werden durften. • Er begann, Kartoffeln bei Staatsempfängen zu servieren, als wären sie Kaviar. Er verschenkte sie huldvoll an seine Untertanen, als wären sie Goldmünzen. Er ließ das königliche Kartoffelfeld von schwer bewaffneten Soldaten bewachen, als wäre es eine Diamantenmine. • Und weil alles, was bewacht werden muss, wert ist, gestohlen zu werden, schlichen sich immer häufiger Untertanen

in Friedrichs Kartoffelfeld,
um ein paar der exklusiven
Knollen für den eigenen Gar-
ten zu stehlen.

Kreative Superkraft Nr. 2:
Werden Sie ein Meister der Verführung

Wie könnten auch Sie etwas wertvoller
und begehrenswerter machen, als es
tatsächlich ist?
Bis heute legen die Menschen Kartoffeln
auf Friedrichs Grab, um den Mann zu ehren,
der in Preußen den Hunger besiegte.
In Wahrheit ehren sie einen brillanten
Verkäufer.

3 Ballett der Automechaniker

FÜNF BRÜDER aus einem kleinen Ort in Virginia – alle Automechaniker – gründeten im Jahr 1950 ein NASCAR-Rennteam. Sie motzten Serienwagen auf, um mit ihnen bei Autorennen zu starten, zum Beispiel in Daytona Beach oder Indianapolis. • Die Erfolge der Wood Brothers – so der Name des Rennteams – waren spektakulär. Die fünf Brüder hatten die schnellsten Autos. Und die besten Fahrer. • Doch in den frühen 1960er-Jahren begann die Konkurrenz aufzuholen. Darum mussten sich die Wood Brothers etwas einfallen lassen, wenn sie die NASCAR-Rennen auch in Zukunft dominieren wollten. Aber was tun? Leonard – das technische Genie der Familie – hatte die Leistung der Motoren maximal optimiert.

Und die Fahrer des Renn-
teams riskierten bereits Kopf
und Kragen. • Die Wood
Brothers überlegten und
überlegten. Und entwickelten dann die Choreographie
des modernen Boxenstopps.
Während die Fahrer der anderen Teams in der Zeit des
Reifenwechsels und Tankens
eine Zigarette rauchten,
wusste jeder der fünf Brüder
ganz genau, wann er wo und
wie anpacken musste. Eine
Art Automechaniker-Ballett.
Tatsächlich war das Zusam-
menspiel der Wood Brothers
so perfekt, dass ihre Fahrer,
kaum waren sie in die Boxen-
gasse eingebogen, schon wieder Gas geben konnten. • So
wie im Jahr 1963 beim Daytona 500, dem Autorennen,
in dem die Brüder die neue
Boxenstopp-Choreographie
zum ersten Mal vorführten. •

Mit Erfolg: Ihr Fahrer Tiny
Lund verlor so wenig Zeit
in der Box, dass er das legendäre Rennen für sich ent-
schied.

- -
Kreative Superkraft Nr. 3:
Fokussieren Sie auf das wahre Ziel
- -
Worum geht es bei Ihrer Aufgabe *wirklich*?
Welches Ziel müssen Sie *wirklich* erreichen?
Das wahre Ziel der Wood Brothers war nicht,
Autos schneller zu machen. Das wahre
Ziel der Wood Brothers war, Autorennen
zu gewinnen.

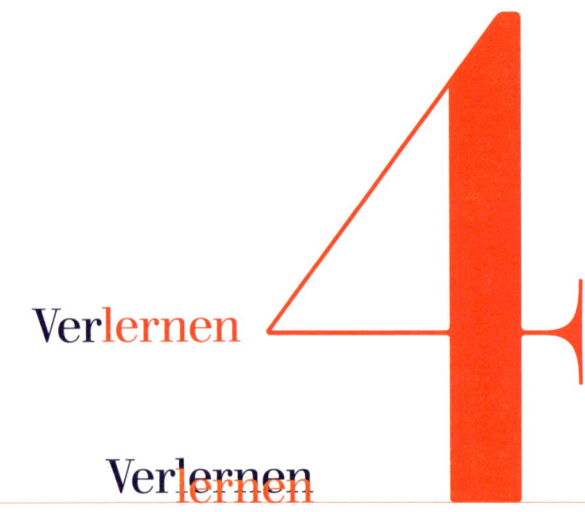

Verlernen

Verlernen

Verlernen

Verlernen

Verlernen
lernen

»BLOWIN' IN the Wind«,
»A Hard Rain's A-Gonna
Fall«: Mitte der 1960er-Jahre
war Bob Dylan *der* Folk-
musiker überhaupt. Zu den
Klängen seiner akustischen
Gitarre sang er über ein
Amerika, das sich rasant
veränderte, und drückte die
Gefühle einer neuen Gene-
ration aus. • Folk music war
nicht irgendeine Musik. Sie
galt als authentisch und
pur. Einfach ein Sänger oder
eine Sängerin mit Gitarre.
Vielleicht noch mit Mund-
harmonika. • Das wichtigste
Ereignis der Szene war das
Newport Folk Festival. Auch
Bob Dylan hatte dort seinen
ersten großen Auftritt. •
Am 25. Juli 1965 sollte er
erneut in Newport spielen.
Seine Fans pilgerten in das
Städtchen in Rhode Island.
Doch als Dylans Konzert
begann, trauten die Leute

ihren Augen nicht. Erst
recht nicht ihren Ohren.
Statt mit einer akustischen
stand Bob Dylan mit einer
elektrischen Gitarre auf der
Bühne. Er war auch nicht
allein, sondern trat zusammen mit einer Rockband
auf. Die Leute buhten und
tobten. Sie wollten nicht Bob
Dylan, den Rock-Musiker.
Sie wollten Bob Dylan, den
Folk-Musiker. Der Tumult
war so groß, dass Dylan das
Konzert nach wenigen Lie-
dern abbrechen musste.
Auch auf der anschließenden
Europatournee kam seine
neue Begeisterung für elek-
trisch verstärkte Rockmusik
schlecht an. Wie in Newport
pfiffen die Leute Dylan aus.
Bei einem Konzert in Man-
chester wurde er für seinen
Verrat an der reinen Folk-
Lehre sogar als »Judas«
beschimpft. Bob Dylan

kümmerte das wenig. Er for-
derte seine Band einfach auf,
besonders laut zu spielen.
Und sang: »The Times They
Are A-Changin'.«

- -
Kreative Superkraft Nr. 4:
Bleiben Sie ein ewiger Anfänger
- -
Wenn Sie Neues schaffen wollen, müssen
Sie bestehendes Wissen und Können in
Frage stellen – auch Ihr eigenes.
Bob Dylan wollte nicht stehen bleiben.
Er wollte sich weiterentwickeln.
Er wollte ein ewiger Anfänger bleiben.

Todbringende Ärzte

IN DER Mitte des 19. Jahrhunderts war es üblich, dass 20 Prozent der Frauen, die in einem Spital gebaren, am Kindbettfieber starben. Dagegen wollte ein junger Arzt in einer Wiener Frauenklinik etwas tun. • Als erstes fiel ihm auf, dass in der Geburtsstation, wo Ärzte tätig waren, deutlich mehr Todesfälle vorkamen als in der Abteilung, in der ausschließlich Hebammen arbeiteten. • Während der Arzt den Grund dafür suchte, schnitt sich ein Kollege von ihm bei einer Autopsie in den Finger und starb wenig später an Symptomen, die denen des Kindbettfiebers glichen. • Der junge Arzt hatte einen Verdacht. War vielleicht die Autopsie »schuld« am Tod des Kollegen? Und konnte dies etwas mit der Häufung der Fälle von Kindbettfieber in der Geburtsstation zu tun haben? • Der Arzt setzte durch, dass seine Kollegen ihre Hände mit Chlorwasser desinfizierten, nachdem sie die Leichen der Patientinnen obduziert hatten, die am Kindbettfieber gestorben waren. • Die Wirksamkeit dieser Maßnahme war enorm. Innerhalb von drei Jahren sank die Sterberate auf das Niveau der Abteilung, in der ausschließlich Hebammen arbeiteten. Der junge Arzt hatte recht mit seiner Vermutung: Die Ärzte, die zuvor eine Leiche obduziert hatten, übertrugen Krankheitserreger auf die Frauen in der Geburtsstation. Und durch simples Desinfizieren der Hände ließ sich dies verhindern. • Dennoch hielten fast alle Größen der damaligen Medizin das Händewaschen mit Chlorwasser für Unsinn. Sie wollten nicht wahrhaben, dass ausgerechnet sie, deren Aufgabe es war, Leben zu retten, den Tod brachten. • Der Arzt, der verlangte, dass seine Kollegen ihre Hände desinfizierten, wurde jahrzehntelang angefeindet. Und blieb doch bei seiner Überzeugung: Hygiene rettet Leben. • Der Arzt hieß Ignaz Semmelweis. Und wird seitdem als »Retter der Mütter« verehrt. •

- -
Kreative Superkraft Nr. 5:
Fürchten Sie sich nicht vor Angst
- -
Wenn auch Sie, wie Ignaz Semmelweis, die Welt verändern wollen, müssen Sie Ihre Angst überwinden. Die Angst zu versagen. Die Angst vor Kritik.
Mut ist ein Muskel. Wie könnten Sie ihn trainieren?

6

In die Tasche gesteckt

•IN DEN 1950ER-Jahren
war das Transistorradio das,
was heute das Smartphone
ist: ein verblüffendes Stück
Hightech. Zum ersten Mal
konnten die Menschen Musik
»mitnehmen«: zum Campen
oder Picknicken, aufs Boot
oder in die Hängematte. •
Das erste Transistorradio
kam 1953 in Deutschland
auf den Markt. Im Jahr darauf stellten auch die Japa-
ner Masaru Ibuka und Akio
Morita ein Transistorradio
vor. 1955 folgte ihr zweites
Modell. Und im Dezember
1957 präsentierten Ibuka und
Morita das Modell TR-63 –
das kleinste Transistorradio
der Welt. Es war so kompakt,
dass es fast in die Brusttasche eines Hemds passte.
Aber eben nur fast. • Die
japanischen Techniker gaben
ihr Bestes, um das Radioge-
rät noch kleiner zu machen.

Aber so sehr sie sich bemüh-
ten, die damaligen Bauteile
ließen eine weitere Mini-
aturisierung einfach nicht
zu. • Darum griffen Ibuka
und Morita zu einer List:
Sie ließen auf den Hemden
ihrer Verkäufer größere
Brusttaschen aufnähen. So
konnten sie das Transis-
torradio effektvoll aus der
Brusttasche ziehen, um es
den amerikanischen Kon-
sumenten zu präsentieren.
Ibuka und Morita erfanden
sogar ein englisches Wort,
um den größten Vorzug ihres
kleinen Geräts zu bewer-
ben: »pocketable« (einsteck-
bar). • Mit dieser List (und
diesem Wort) steckte das
japanische Unternehmen die
Konkurrenz in die Tasche.
Das Modell TR-63 wurde ein
Verkaufshit – und eine neue
Weltmarke war geboren. Um
den amerikanischen Markt

zu erobern, hatten Ibuka und Morita nämlich den Namen ihrer Firma geändert: Aus der Tokyo Telecommunications Engineering Corporation wurde Sony, vom lateinischen »soni« (Töne).

- -
Kreative Superkraft Nr. 6:
Entwickeln Sie eine Idee für Ihre Idee
- -

Um Erfolg zu haben, brauchen Sie mehr als einen brillanten Einfall.
Sie müssen Ihren brillanten Einfall auch brillant verkaufen.

• KURZ NACH ihrer Eröff-
nung im Jahr 1863 sah sich
die Leitung von Londons
neuer U-Bahn vor eine will-
kommene Herausforderung
gestellt: Die »Tube« war zu
erfolgreich. Ihr Liniennetz
war so groß und komplex
geworden, dass es nicht
mehr auf eine Karte passte.
Um die vielen Haltestellen in
der Stadtmitte geographisch
korrekt zu verzeichnen,
wurden die Stopps außer-
halb der Innenstadt einfach
weggelassen. • Jahrzehntelang mussten die Londoner
akzeptieren, dass es keinen
vollständigen Netzplan der
»Tube« gab. Bis im Jahr 1933
der U-Bahn-Angestellte
Harry Beck seinen Vorge-
setzten eine dumme Frage
stellte. • Warum musste sich
die Karte der »Tube« am
Stadtplan von London orien-
tieren? Warum mussten die
Linienführungen und Dis-
tanzen zwischen den Hal-

testellen geographisch korrekt sein? Der Netzplan der
»Tube« war ja nicht für die
Erbauer der U-Bahn gedacht.
Sondern für die Einwohner
von London, die möglichst
einfach von einem Punkt
der Stadt zum andern gelan-
gen wollten. • Also zeichnete
Beck einen Netzplan der
»Tube«, der sich nicht an
einer Landkarte orientierte,
sondern an einem elektri-
schen Schaltplan. Die einzel-
nen U-Bahn-Linien verliefen
nur horizontal, vertikal oder
im 45-Grad-Winkel. Und
der Abstand zwischen den
Stopps war immer gleich
groß. Dadurch konnte Beck
das gesamte Netz der »Tube«
abbilden, mit sämtlichen
Linien und Haltestellen. •
Eine Karte der »Tube«, die
geographisch völlig falsch
war – würde man die Leitung
der U-Bahn nicht auslachen?
Im Gegenteil. Als der neue
Netzplan vorgestellt wurde,

triumphierten Klarheit und Übersichtlichkeit über Genauigkeit und Maßstabstreue. Schnell wurde der Netzplan zum Vorbild für die Karten von Untergrundbahnen auf der ganzen Welt: von Athen bis Paris, von Tokio bis Wien. Mehr noch: Harry Becks »Tube Map« wurde zur Grafik-Ikone, die man auf T-Shirts, Tassen und vielen anderen London-Mitbringseln sieht. Tatsächlich verdient die mittlerweile hochdefizitäre »Tube« nur mit einer Sache Geld: den Lizenzeinnahmen für ihren Netzplan.

- -
Kreative Superkraft Nr. 7:
Lassen Sie andere für sich arbeiten
- -
Wo wurde auch Ihr Problem schon gelöst?
In welchem anderen Bereich? In welcher
anderen Branche?
Manchmal ist die beste Idee keine neue.
Sondern eine bestehende Idee, die Sie Ihren
Zwecken anpassen.

KÖDERN STATT JAGEN

ANDRÉ UND Edouard
Michelin verarbeiteten seit
1889 Kautschuk. In ihrer
kleinen Fabrik produzierten
sie Industrieabdichtungen,
Gummibälle für Kinder oder
Bremsklötze für Kutschen.
Dann entwickelte Edouard
den ersten auswechselba-
ren Autoreifen. Aber der
Absatz blieb bescheiden. Am
Ende des 19. Jahrhunderts
waren auf Frankreichs Straßen gerade mal 3000 Autos
unterwegs. Die Brüder
überlegten sich, wie das
Autofahren populärer wer-
den könnte. Und veröffent-
lichten im Jahr 1900 den
ersten »Guide Michelin«.
Das kostenlose Buch enthielt
praktische Informationen,
die das Autofahren einfacher
machten: Straßenkarten, die
Standorte von Tankstellen
oder die Adressen von Auto-
mechanikern. Aber nach

ein paar Jahren verkauften die Brüder noch immer fast keine Autoreifen. Also änderten sie das Konzept ihres »Guide«. Als erstes gab es das Buch seit 1920 nicht mehr kostenlos. André Michelin hatte beobachtet, dass ein Automechaniker mit zwei Stapeln ihres Führers eine Werkbank stützte. Gemäß dem Grundsatz: Was nichts kostet, ist nichts wert. Das hatte ihn verärgert. Entscheidender aber war, dass im »Guide Michelin« nun Gastrokritiken erschienen. Im Jahr 1931 wurde das bis heute gültige Sternesystem eingeführt. Ein Stern bedeutet: Das Restaurant ist einen Zwischenhalt wert. Zwei Sterne: Das Restaurant lohnt einen Umweg. Drei Sterne: Das Restaurant verdient eine eigene Reise. Die Feinschmecker Europas stiegen in ihre Autos. Und mit jedem Kilometer, den sie zurücklegten, nutzten sich ihre Reifen ein wenig mehr ab.

- -
Kreative Superkraft Nr. 8:
Gehen Sie einen Umweg
- -
Vom englischen Wirtschaftsprofessor John Kay stammt das Buch »Obliquity: Die Kunst des Umwegs«. Kay schreibt: »Wenn man ein Ziel erreichen will, ist es oft besser, einen Umweg zu gehen.«
»Oder zu fahren«, hätten die Brüder Michelin ergänzt.

PRÄVENTIV

KREATIV

WISSEN SIE, welche Krebs-art weltweit die häufigste ist? Nein, nicht Lungenkrebs – Hautkrebs. Allein in Brasi-lien gibt es jährlich 180 000 neue Fälle. Kein Wunder: Dort brennt ja auch fast immer die Sonne. • Trotzdem verwenden die Brasilianer zu selten Sonnencreme. Und wenn, dann hat sie nicht immer den richtigen Licht-schutzfaktor. Die Menschen gehen auch zu selten zum Dermatologen, um ihre Haut auf auffällige Veränderungen hin untersuchen zu lassen. • Dagegen wollte die Sonnen-schutzmarke Sol de Janeiro etwas tun. Und lud 450 Täto-wierer zu Schulungen mit Hautärzten ein, die ihnen beibrachten, wie man die ersten Anzeichen von Haut-krebs erkennt. • Gibt es Fle-cken auf der Haut, die nicht rund oder oval sind, sondern asymmetrisch? Muttermale, die unscharf und »verwaschen« sind? Pigmentflecken, die bluten? Flecken mit verschiedenen Farbtönen, zum Beispiel Hellbraun und Tiefschwarz? • Wenn ja, empfehlen brasilianische Tätowierer ihren Kunden, einen Dermatologen aufzusuchen. Dieser kann den jeweiligen Fleck gründlich untersuchen. Und dadurch verhindern, dass die Melanome größer werden und Metastasen in Lymphknoten und inneren Organen bilden. Was oft tödliche Folgen hat. Wohingegen die Heilungschancen von früh erkanntem Hautkrebs bei fast 100 Prozent liegen. • Mittlerweile hat Sol de Janeiro Abertausende von Menschenleben gerettet. Was durchaus auch im Interesse der Sonnenschutzmarke ist. Denn wer an Hautkrebs

stirbt, braucht keine Sonnencreme mehr.

```
- - - - - - - - - - - - - - - - - - - - - - - - -
Kreative Superkraft Nr. 9:
Holen Sie Verstärkung
- - - - - - - - - - - - - - - - - - - - - - - - - - - - - - - - - - - - -
Ganz gleich, was Sie vorhaben, ganz gleich,
wie schwierig es ist — es gibt immer jeman-
den, der Ihnen helfen kann.
Und mit etwas Nachdenken werden Sie auch
herausfinden, wer das ist.
```

DER SCHUH,

10 ½

DER WÄCHST

ALS KENTON LEE – ein
amerikanischer Designer –
Kenia bereiste, besuchte er
in Nairobi ein Waisenhaus.
Dort fiel ihm ein Mädchen
auf, dessen Plastiksanda-
len viel zu klein waren.
Das ist in Kenia gefährlich,
denn in Entwicklungslän-
dern kann schon die kleinste
Verletzung der Fußsohlen
zu Erkrankungen durch
Wurmeier führen. Die Welt-
gesundheitsorganisation
WHO schätzt, dass 880 Millionen Kinder von Parasiten
befallen sind, die sie durch
ungeschützte Füße über
schmutzigen Boden aufge-
nommen haben. Darum
entwickelte Lee »The Shoe
That Grows«: eine Sandale
aus Leder und Hartgummi,
die nicht nur fünf Jahre hält,
sondern dank Druckknöpfen
auch mitwächst. »Practical
compassion« nennt er das –
nützliches Mitgefühl. Lee

ist nicht der einzige Designer, der die Welt ein wenig besser machen will. Immer mehr Gestalter helfen mit kreativen Ideen den Menschen in der Dritten Welt. Auch der Schweizer Yves Béhar gehört dazu, der den Laptop »xo« entwarf. Millionen dieser Geräte mit innovativen Lernprogrammen wurden schon an Kinder in Entwicklungsländern verteilt, finanziert von der Non-Profit-Organisation »One Laptop per Child«. »Ein inspirierter Gestalter sucht nach neuen Lösungen für alte Probleme«, sagt Béhar. »Besseres Design bedeutet eine bessere Zukunft.« • Gleich *zwei* Probleme löst das Fahrrad »Aquaduct«, das von der amerikanischen Design-Agentur IDEO entworfen wurde: Zum einen lässt sich damit Wasser viel bequemer transportieren, als wenn man es kilometerweit

in einem Eimer auf dem Kopf
tragen muss. Zum andern
wird das durch Krankheits-
keime verschmutzte Was-
ser beim Treten der Pedale
gereinigt. • 2000 Milliarden
Dollar Hilfsgelder sind in den
vergangenen 50 Jahren von
den reichen an die armen
Länder geflossen, mit mäßi-
gem Erfolg. Designer wie
Kenton Lee oder Yves Béhar
sind überzeugt: Die Dritte
Welt braucht mehr als unser
Geld – sie braucht unsere
Ideen.

Kreative Superkraft Nr. 10:
Zweifeln Sie am Sinn Ihres Berufs

Könnten auch Sie Ihr Wissen und
Können in den Dienst einer größeren
Sache stellen? Können Sie über sich
hinauswachsen?
»Alles, was ich je gestaltet habe, ist
unnötig«, meinte Philippe Starck selbst-
kritisch, der mit seiner legendär unprak-
tischen Saftpresse »Juicy Salif« Design
um des Designs willen produzierte.

»I'M A LOSER, baby, so
why don't you kill me?«
Im Jahr 1994 wurde dieser
Folk-Rap-Song des ameri-
kanischen Musikers Beck
zur Hymne der Generation
X. • Seitdem hat der Musiker aus Los Angeles eine
Reihe wunderbarer Alben
veröffentlicht. Mein Favorit
war lange das melancho-
lische »Sea Change« von
2002. Bis 2012 »Song Reader«
erschien. • Das Album ist
fantastisch. Obwohl darauf
kein einziges Lied zu hören
ist. Keine Sorge: Ich bin
nicht taub. Ich kann Becks
Lieder nicht hören, weil
ich nicht Klavier spiele. Ich
spiele auch nicht Gitarre.
Und ich singe nicht. • Verwirrt? Neugierig? Ausge-
zeichnet. Denn genau darum
geht es bei »Song Reader«.
Becks Album ist nämlich gar
kein Album. »Song Reader«

besteht aus 20 Notenblättern in einer hübschen Box. Die Lieder auf »Song Reader« existieren nur als Noten für Klavier, Gitarre und Gesang. Wenn Sie Becks Songs hören wollen, müssen Sie sie selbst spielen. • Für Beck ist das ein Weg, seine Musik »zu öffnen«, wie er sagt, »zu sehen, was andere dazu beitragen«. Alle, die seine Lieder spielen, können ihre Interpretationen auf SoundCloud oder YouTube hochladen. • Tatsächlich aber ist Beck nicht nur ein großartiger Künstler. Er ist auch ein gewiefter Geschäftsmann. Weil man sein Album nicht einfach von einer Filesharing-Seite herunterladen kann. Man muss es kaufen, um es zu besitzen. Und um zu wissen, wie die Lieder auf »Song Reader« klingen, wenn Beck sie selber spielt, müssen Sie in eins

seiner Konzerte gehen.
Der wirksamste Anti-Pira-
terie-Schutz aller Zeiten ist
also auch die wirksamste
Konzert-Promotion aller Zeiten. Eine ziemlich clevere
Idee für einen Verlierer.

Kreative Superkraft Nr. 11:
Schlachten Sie eine heilige Kuh

Was sind die Konventionen in *Ihrer* Branche?
Was hat man schon immer so und nicht
anders gemacht? Was wurde noch nie in Frage
gestellt?
Spielen Sie nicht nach den Regeln, die man
Ihnen vorgibt. Definieren Sie Ihre eigenen.

12

DER HELM, DER KEINER IST

•ER MACHT DIE Frisur
kaputt. Ist sperrig. Wird oft
gestohlen. Vor allem aber:
Mit einem Fahrradhelm auf
dem Kopf sieht man einfach
bescheuert aus. • Zumindest
war das die Ansicht von Anna
Haupt und Terese Alstin,
zwei schwedischen Ingenieu-
rinnen. »Wir wollten lieber
sterben als einen Fahrradhelm zu tragen«, erinnern
sie sich. Darum suchten
Anna und Terese die Antwort
auf eine Frage, die der amerikanische Autor Warren
Berger eine »Beautiful Ques-
tion« nennt. • Die »schöne
Frage« war folgende: Warum
ein Fahrradhelm? Könnte es
nicht eine andere Möglichkeit geben, den Kopf eines
Radfahrers zu schützen?
Einen Schutz, der nur da
ist, wenn man ihn braucht?
Einen unsichtbaren Schutz,
der plötzlich magisch auf-

taucht – wie der Airbag im Auto? Die beiden Frauen schauten sich an. Ein Airbag für Radfahrer – wäre das nicht fantastisch? Also entwickelten Anna und Terese einen Kopfschutz, den Radfahrer wie einen modischen Schal tragen können. Nur dass der Schal Sensoren hat, die erkennen, wenn man in einen Unfall verwickelt wird. Worauf sich blitzschnell eine im Schal verborgene Nylonhaube aufbläst, die den Kopf des Radfahrers vor Verletzungen bewahrt. Seit 2011 schützt der »Hövding« – so heißt der Airbag für Radfahrer – Biker auf der ganzen Welt. Mehr noch: Ein unabhängiger Sicherheitstest ergab, dass dieser Fahrradhelm, der im Grunde gar keiner ist, zu den sichersten Helmen überhaupt gehört.

Kreative Superkraft Nr. 12:
Seien Sie ein Fragezeichen

Machen Sie es wie die Erfinderinnen des
»Hövding«. Stellen Sie eine »schöne Frage«.
Eine Frage, die das grundlegende Problem
erkennt, das es zu lösen gilt. Eine Frage,
die die Art verändert, wie wir darüber
nachdenken.
Eine schöne Frage, die zu einer noch
schöneren Antwort inspiriert.

Der entzauberte Magier

ZU BEGINN DES 20. Jahrhunderts war der Magier Harry Houdini einer der bekanntesten Stars der Welt. Vor allem als Entfesselungskünstler war er berühmt, denn Houdini befreite sich aus jeder Zwangsjacke.
Er konnte auch aus jeder Gefängniszelle ausbrechen. Doch einmal lief es nicht wie geplant. Eine kleine Stadt hatte ein neues Gefängnis mit besonders sicheren Zellen gebaut. Und lud Houdini ein, sein Können zu beweisen. Der Magier ließ sich in die Gefängniszelle bringen. Kaum waren die Wächter draußen, holte Houdini den Dietrich hervor, der in seinem Gürtel steckte, und machte sich an die Arbeit. Doch etwas an dem Schloss war ungewöhnlich. 30 Minuten schon versuchte Houdini, es zu knacken, aber er kam

einfach nicht weiter. • Eine
Stunde war vergangen, und
das Schloss war noch immer
nicht offen. Inzwischen war
Houdini verschwitzt und
keuchte vor Erschöpfung. •
Nach zwei Stunden brach
der Magier zusammen. Sein
Kopf schlug gegen die Zel-
lentür. Und die Tür schwang
auf. Houdini realisierte, dass
sie gar nie verschlossen war.
Die Gefängniswärter hatten
ihn ausgetrickst. Houdini
hatte das Offensichtliche
übersehen. • Ganz anders
Bernard Sadow. Im Jahr 1970
wollte er mit seiner Familie
am Ende eines Karibikur-
laubs nach Hause fliegen. Sie
kamen zu spät am Flughafen
an, und Sadows Frau und
die Kinder rannten schon
mal zum Check-in. Während
Sadow die großen schweren
Koffer schleppte. • Da sah er
etwas. Ein Mann schob fröh-

lich pfeifend eine schwere Maschine, die sich auf einer hölzernen Plattform mit vier Rädern befand. »Natürlich!«, dachte Sadow. »Ein Koffer muss Rollen haben!« Zurück in New York, kaufte er in einem Baumarkt vier Rollen, schraubte sie an die Unterseite eines Koffers und wurde als Erfinder des Rollkoffers ein sehr, sehr reicher Mann.

- -
Kreative Superkraft Nr. 13:
Sehen Sie das Übersehene
- -
Manchmal ist die beste Lösung offensichtlich. Aber wie Harry Houdini sind wir nicht offen für das Naheliegende. Unser Geist bleibt verschlossen.
Versuchen Sie, das Übersehene zu sehen.

Wer sind

sind

14

Sie

nicht?

• KENNEN SIE das ver-
führerischste Produkt der
Welt? Verführerischer noch
als Lamborghinis oder Cha-
nel-Taschen? Zigaretten.
Zumindest für Teenager.
Sich eine Zigarette anzu-
zünden, sagt: »Ich habe vor
nichts Angst – nicht ein-
mal vor dem Tod.« Und was
könnte für Teenager cooler
sein als Todesverachtung? •
Aus dieser Erkenntnis heraus
entwickelte die Werbeagen-
tur Crispin Porter + Bogusky
die erfolgreichste Sucht-
präventionskampagne der
Welt. Statt den Teenagern
Floridas klarzumachen, dass
Rauchen tötet, formulierten
die Werber die Botschaft
um: Rauchen tötet – aber die
Tabakindustrie will das nicht
zugeben. • Sehen Sie den ent-
scheidenden Unterschied?
Teenagern zu sagen, dass
Rauchen tötet, bringt nichts.

Aber ihnen zu sagen, dass die Lobbyisten und Spindoktoren der Tabakindustrie sie über die Gefahren des Rauchens belügen, ist höchst effektiv. Aus Teenagern, die rauchen, wurden Aktivisten gegen das Rauchen. Höhepunkt der Kampagne war eine Demonstration vor dem Hauptsitz eines Tabakkonzerns. Die Aktivisten stapelten 1200 Leichensäcke aufeinander. »In den USA töten Zigaretten jeden Tag 1200 Menschen«, rief ein Demonstrant durch ein Megafon den Konzernchefs zu. »Nehmen Sie doch mal einen Tag frei!«

Kreative Superkraft Nr. 14:
Pflegen Sie Feindschaften

Krieg ist schrecklich, aber im Marketing ist
kaum etwas anderes so effektiv wie ein Tod-
feind. Darum schießt Apple gegen Microsoft.
Pepsi gegen Coca-Cola. Virgin Airlines gegen
British Airways.
Indem Sie klarmachen, wer Sie *nicht* sind,
machen Sie klar, wer Sie sind.
Und *Sie*? Wogegen sind *Sie*? Wer sind *Sie*?
Und wer sind Sie *nicht*?

Der ackte am Piccadilly Circus

• IN DEN FRÜHEN 1970er-Jahren war Alice Cooper das, was heute Marilyn Manson ist: ein Schockrocker. Der Amerikaner trat in Zwangs-jacke auf. Oder mit einer Boa constrictor um den Hals. Auf der Bühne simulierte er seine Exekution. • Die meist jugendlichen Konzertbesu-cher waren begeistert. Aber nur in den USA. In Europa hatte noch niemand von Alice Cooper gehört. Trotz-dem buchte sein Manager Shep Gordon gleich die Wembley-Arena, als Cooper zum ersten Mal in London auftreten sollte. • Kein guter Plan. Denn wenige Tage vor dem Konzert waren ganze 50 Tickets verkauft. Und die Wembley-Arena bietet Platz für 10 000 Leute. Wenn je jemand eine gute Idee brauchte, dann war das Shep Gordon am 27. Juni 1972. •

Und Gordon *hatte* eine gute Idee. Er ließ einen Lastwagen mit einem riesigen Poster bekleben, das einen nackten Alice Cooper zeigte – die Genitalien einzig von einer Boa constrictor bedeckt. Das Poster verkündete, dass der amerikanische Rocker am 30. Juni 1972 in der Wembley-Arena auftreten würde. Dann bat Gordon den Fahrer des Lastwagens, während der Rush Hour einen Motorschaden vorzutäuschen. Und zwar am Piccadilly Circus, einem der wichtigsten Verkehrsknotenpunkte Londons. Am nächsten Tag waren die Zeitungen und Nachrichtensendungen voll mit Fotos des Lastwagens, der für zwei Stunden den Londoner Verkehr zum Erliegen gebracht hatte. Und immer im Bild: das provokative Plakat für das bevorstehende Konzert von Alice Cooper. Sämtliche Eltern in London ließen ihre Teenager wissen, was für ein perverser Spinner doch dieser obskure Sänger aus den USA sei. Und sämtliche Teenager rannten los und besorgten sich Tickets für das innerhalb von wenigen Stunden ausverkaufte Alice-Cooper-Konzert.

- -
Kreative Superkraft Nr. 15:
Schreiben Sie Geschichte
- -
Wie könnten auch Sie mit kreativer Chuzpe dafür sorgen, dass Ihre Idee zum Gesprächsstoff wird? Welche interessante Story steckt in *Ihrem* Projekt?
Geschichte ist nichts, was sich einfach so ereignet. Geschichte können Sie schreiben.

16

»DA-DUM ... DA-DUM ...«

• ALS STEVEN Spielberg den Hai sah, geriet er in Panik. Aber nicht, weil er Angst hatte vor dem acht Meter langen Monster. Im Gegenteil: Der ferngesteuerte Hai, den Spielberg für die Dreharbeiten von »Jaws / Der weiße Hai« hatte bauen lassen, war alles andere als furchteinflößend. Die Zähne sahen unecht aus. Der Kiefer ließ sich nicht richtig schließen. Das Tier schielte. Und das Schlimmste: Der mechanische Fisch sank bei seinem ersten Einsatz wie ein Stein. • Die Filmcrew verspottete den Star von »Jaws« als »Flaws« (engl. Mängel). Und Spielberg kriegte die Panik: Wie sollte er eine Horrorgeschichte erzählen, wenn er den Horror nicht zeigen konnte? Der Regisseur war überzeugt, dass seine Hollywood-Karriere vorüber war. • Da wurde ihm auf einmal etwas klar: Was ist furchterregender als der Horror in unserem Kopf? Es ist das, was wir *nicht* sehen, was uns echt Angst macht. • Darum beschloss Spielberg, den Monsterhai in seinem Film nur anzudeuten. So wie in der ersten Szene von »Jaws«: Fröhlich schwimmt eine junge Frau im Meer, als sie auf einmal von etwas Unsichtbarem gepackt und in die Tiefe gezogen wird. • Der Regisseur setzte auch auf die Kraft der Musik von John Williams, um den mechanischen Fisch nicht zeigen zu müssen: *Da-dum ... Da-dum ... Da-dum-da-dum-da-dum-da-dum-da-dum-da-dum ...* • Ein anderer Trick Spielbergs erwies sich als besonders effektiv: die Kameraführung aus der Sicht des Hais. • Die

Perspektive war so furchteinflößend, dass sie seitdem in
jedem Horrorfilm verwendet
wird.

Kreative Superkraft Nr. 16:
Tun Sie sich Zwang an

Spielbergs Einschränkung machte »Jaws« viel
beängstigender (und darum erfolgreicher).
Das liegt daran, dass Begrenzungen uns
zwingen, konventionelle Lösungen zu ignorie-
ren. Nur wenn wir uns einengen, können wir
Grenzen sprengen.
Wie können auch Sie sich befreien, indem
Sie sich einschränken?

EINE KLASSE FÜR SICH

ALS CRYSTAL JONES – eine Grundschullehrerin in Atlanta, Georgia – ihre neuen Erstklässler sah, wusste sie, dass die nächsten Jahre nicht einfach werden würden. Die meisten Kinder kamen aus bildungsfernen Familien. Motivation und Disziplin waren gleich null. Darum genügte es nicht, für einen interessanten Unterricht zu sorgen. Crystal musste die Kids so richtig fürs Lernen begeistern. Aber wie? • Der Lehrerin fiel eine Herausforderung ein, die so groß und inspirierend war, dass sie die Kinder einfach annehmen *mussten.* • Crystal stand vor der Wandtafel und sagte: »Wisst ihr was? Im nächsten Jahr werdet ihr nicht Zweit-, sondern *Drittklässler* sein!« Natürlich nicht wirklich, sondern in dem Sinn, dass die Kinder im nächsten

Schuljahr auf dem Niveau von Drittklässlern sein würden. Drittklässler statt Zweitklässler? Das klang für die Kids in Crystals Klasse sehr verlockend. Schließlich sind Drittklässler älter und größer als Zweitklässler. Und darum viel, viel cooler.

Die Strategie der Lehrerin ging auf. Schon im Frühjahr waren die Kids auf dem Niveau von Zweitklässlern. (Erinnern wir uns: Die meisten von ihnen kamen aus bildungsfernen Familien.) Und bis zum Ende des Schuljahrs waren mehr als 90 Prozent der Kinder auf oder über dem Niveau von Drittklässlern.

Kreative Superkraft Nr. 17:
Verändern Sie Ihre Denkweise
(und damit Ihr Leben)

Unsere Talente und Fähigkeiten sind
nicht fix. Wir können dazulernen und mit
unseren Aufgaben wachsen. Wir sind so gut,
wie wir es uns zu sein erlauben.
Wir sind die Geschichte, die wir uns
über uns selbst erzählen.

PS : Ich liebe dich!

•MANCHMAL bekommt man mehr, als man will. Viel mehr. Zum Beispiel 400 Millionen Dollar. • 1996 planten die Programmierer Sabeer Bhatia und Jack Smith ein Start-up zu gründen. Da sie noch Angestellte waren, hatten sie Angst, dass ihr Chef von ihren Plänen erfuhr. Darum wollten die beiden nicht ihre geschäftliche E-Mail-Adresse verwenden, um während der Arbeitszeit miteinander zu kommunizieren. Wegen der Firewall ihres Arbeitgebers konnten sie aber auch nicht auf ihre privaten E-Mail-Konten zugreifen. • Doch Bhatia und Smith wussten sich zu helfen. Sie programmierten einen webbasierten E-Mail-Dienst, auf den von jedem Computer aus zugegriffen werden kann – weltweit. Kommt Ihnen bekannt vor? Genau: Bhatia und Smith sind

die Erfinder von Hotmail. •
Nachdem die zwei Jungun-
ternehmer 300 000 Dollar
von Investoren gesammelt
hatten, ging Hotmail 1996 als
einer der ersten kostenlo-
sen Webmail-Dienste an den
Start. Aber die Wachstums-
rate war bescheiden. Darum
wollten Bhatia und Smith
Plakate und Radiospots
schalten, um für Hotmail
zu werben. Doch einer ihrer
Investoren hatte einen bes-
seren Vorschlag: »Schreibt
›P S : Ich liebe dich! Hol dir
deine kostenlose E-Mail-Adresse bei Hotmail‹ unter
jede E-Mail, die mit Hotmail
verschickt wird.« • Innerhalb
von wenigen Stunden wurde
das Wachstum von Hotmail
exponentiell. Denn plötzlich
wurde jede E-Mail, die über
Hotmail verschickt wurde,
zu Werbung für Hotmail. •
Einmal schickte Bhatia eine

E-Mail an einen Freund in Indien. Kurz darauf hatte Hotmail 300 000 indische Nutzer. • Im Dezember 1997 – nur 18 Monate nach dem Start ihrer Firma – verkauften Bhatia und Smith Hotmail für 400 Millionen Dollar an Microsoft. Als es nur 70 Millionen Internetnutzer gab, hatten mehr als 10 Prozent von ihnen ein Hotmail-Konto. • P S: Ich liebe Sie! Kaufen Sie dieses Buch nochmal und verschenken Sie's. •

Kreative Superkraft Nr. 18:
Bauen Sie eine Wachstumsmaschine

Wie könnten auch Sie Ihr Produkt oder Ihre Dienstleistung für sich werben lassen? Im Silicon Valley gibt es den Begriff des »Growth Hacking«. »Hacking« hat dabei nichts mit dem Hacken eines Computers zu tun. Sondern damit, dass Sie kreative Mittel einsetzen, um schneller Ihre Ziele zu erreichen.

»DON'T LOOK BACK IN ANGER«

•SIE WAREN die größte
Band der Welt. Zumindest
fanden das Liam und Noel
Gallagher. Die beiden Brüder aus Manchester grün-
deten im Jahr 1991 Oasis.
Und schrieben Welthits wie
»Wonderwall«, »Live Fore-
ver« und »Don't Look Back
in Anger«. • Am 4. Juni 2009
gaben sie in ihrer Heimat-
stadt ein Konzert in einem
Park, vor 70 000 begeister-
ten Fans, als auf einmal der
Strom ausfiel. »Sorry«, ließen
die Gallaghers die enttäu-
schten Massen wissen. »Ihr
kriegt euer Geld zurück.« •
Die meisten Fans fanden,
dass Oasis für den Strom-
ausfall nichts konnten, und
verzichteten auf die Erstat-
tung des Ticketpreises. Doch
mehr als 20 000 Konzert-
besucher wollten ihr Geld
zurück. Und die Gallaghers
mussten nun Schecks im

Wert von etwa 800 000 Pfund ausstellen. • Da griffen die beiden Brüder zu einer List. Sie stempelten die Schecks mit dem Logo von Oasis und dem Hinweis »Bank of Burnage« – dem Vorort von Manchester, aus dem die Gallaghers stammten. Und um die Schecks noch spezieller zu machen, setzten die Brüder ihre Unterschriften darauf. • Danach teilte ein Sprecher von Oasis mit: »Die ›Bank of Burnage‹ ist ein Scherz. Aber die Schecks sind echt. Jeder kann sie einlösen und zu seinem Geld kommen. Doch weil dieser Scheck etwas ganz Besonderes ist, möchten ihn einige Fans vielleicht behalten.« • Und genau das war der Fall. Tatsächlich betrachteten so viele Konzertbesucher den Scheck als wertvolle Trophäe, dass Oasis mehrere hunderttausend Pfund sparten.

```
- - - - - - - - - - - - - - - - - - - - - - - - - -
```
Kreative Superkraft Nr. 19:
Verändern Sie den Bezugsrahmen
```
- - - - - - - - - - - - - - - - - - - - - - - - - - - - - -
```
Ein Scheck, den der Manager von Oasis
unterschreibt, ist ein Scheck, den man
einlöst. Doch ein Scheck, den Liam
und Noel Gallagher unterschreiben, ist
ein begehrtes Sammlerstück.
Wie könnten auch Sie den Bezugsrahmen
verändern? Wie könnten auch Sie dafür
sorgen, dass man etwas durch eine andere
Brille sieht?

Spezielle
Spezielle
Spezielle
Spezielle
Spezielle Spezialisten
Spezielle Spezialisten
Spezielle Spezialisten
Spezielle Spezialisten
Spezielle Spezialisten
Spezielle Spezialisten
Spezielle Spezialisten
Spezielle Spezialisten
Spezielle Spezialisten
Spezielle Spezialisten
Spezielle Spezialisten
Spezielle
Spezielle Spezialisten
Spezielle
Spezielle Spezialisten
Spezielle
Spezielle Spezialisten
Spezielle
Spezielle Spezialisten
Spezielle Spezialisten
Spezielle Spezialisten
Spezialisten
Spezialisten
Spezialisten
Spezialisten

20

VOR EIN PAAR Jahren wurde der Däne Thorkil Sonne Vater. Doch Thorkil und seine Frau merkten rasch, dass ihr Sohn Lars nicht wie andere Kinder war. Der kleine Junge hatte Mühe zu sprechen. Und er spielte am liebsten allein. Als die Eltern Lars zu einem Arzt brachten, stellte dieser bei ihm Autismus fest. Thorkil und seine Frau waren erschüttert. Was für ein Leben würde ihr Sohn haben? Würde Lars je eine erfüllende Arbeit finden? Gleichzeitig sahen die Eltern, dass ihr Kind außergewöhnliche Fähigkeiten besaß. So konnte Lars zum Beispiel kurz in einem Buch eine komplizierte Illustration betrachten und dann aus dem Kopf detailgetreu nachzeichnen. Thorkil begann, sich eingehend mit der

Krankheit seines Sohns auseinanderzusetzen. Und fand heraus, dass Autisten ganz spezielle Fähigkeiten haben. Sie können sehr gut logisch denken und sich konzentrieren. Sie haben ein extrem gutes Gedächtnis. Sie nehmen kleinste Unregelmäßigkeiten wahr. Und monotone Routinearbeiten machen ihnen nichts aus. Darum gründete Thorkil 2004 die Stiftung »Specialisterne« (dän. Spezialisten). Sie setzt sich dafür ein, dass Unternehmen die Fähigkeiten von Menschen mit Autismus erkennen. Und tatsächlich: Immer mehr Firmen beschäftigen Autisten im Bereich Softwareentwicklung, Steuerprüfung, Dateneingabe oder Qualitätskontrolle. Und das nicht nur in Dänemark. Sondern auch überall sonst, wo die

Stiftung aktiv ist. Das Ziel von Thorkil Sonne ist die Schaffung von einer Million Arbeitsplätzen für Menschen mit Autismus. Denn wie der Name seiner Stiftung sagt: Autisten gehören nicht in eine Werkstätte für Behinderte – sie sind Spezialisten.

Kreative Superkraft Nr. 20:
Machen Sie aus einem Fluch einen Segen

Wie könnten auch Sie eine Einschränkung in ein Talent verwandeln? Eine Herausforderung in eine Chance?
Lernen Sie von Lars und Thorkil Sonne.
Fokussieren Sie auf Ihre Stärken.

Die SANFTE Kraft 21

• JEDE MUTTER, jede Freundin, jede Ehefrau kennt das: Wenn Jungs und Männer im Stehen pinkeln, verfehlen sie oft die Toilettenschüssel. Zuhause ist das unangenehm genug. Aber in öffentlichen Toiletten sorgt schlechtes Zielen für eine gewaltige Sauerei. Und für erhebliche Reinigungskosten. • Dagegen wollte Jos van Bedoff – ein Wartungstechniker im Amsterdamer Flughafen Schiphol – etwas unternehmen. • Als ehemaliger Soldat erinnerte er sich an ein Urinal in einer Kaserne. Auf dem Grund seines Beckens war ein kleiner, schwarzer Punkt, den die Soldaten beim Pinkeln immer treffen wollten. Und weil sie dabei konzentriert zielten, ging fast nie etwas auf den Boden. • Also schlug van Bedoff vor, auf den Grund der Urinale im Flughafen Schiphol eine kleine, schwarze Fliege einzugravieren. Und tatsächlich: Die Maßnahme führte dazu, dass seitdem 80 Prozent weniger Urin auf dem Boden landet. • Eingravierte Fußballtore, eingravierte Dartscheiben, eingravierte brennende Kerzen – es spielt keine Rolle, was man den Jungs und Männern für ein Ziel gibt. • Wichtig ist einfach, dass sie mit ihrem Urinstrahl etwas treffen können. •

Kreative Superkraft Nr. 21:
Schubsen Sie Veränderungen an

Die schwarze Fliege im Urinal ist ein
sogenannter »Nudge« (engl. Schubser) –
ein Ausdruck der Verhaltensökonomen Cass
Sunstein und Richard Thaler.
»Nudges« sind clevere, kleine Veränderungen,
die unser Verhalten beeinflussen.
Wie könnten auch Sie die Kraft der
sanften Schubser nutzen?

Lust und List

IM AUGUST 1992 wütete in den USA Hurrikan Andrew, der schlimmste Wirbelsturm, den das Land je erlebt hatte. Er zerstörte zwischen Florida City und Miami über 60 000 Wohnungen und machte über 250 000 Amerikaner obdachlos. Als der Wirbelsturm ein Ozeanarium verwüstete, wurde eine exotische Fischart – der Feuerfisch – in den Golf von Mexiko gespült. Der Feuerfisch stammt aus den tropischen Gewässern rund um Indonesien und ist auffallend schön. Er ist aber auch ein aggressives Raubtier mit giftigen Flossen. Und dieses Raubtier begann, sich wie wild zu vermehren. Denn ein Feuerfischweibchen produziert über zwei Millionen Eier pro Jahr. Nach kurzer Zeit gab es im Golf von Mexiko – und bald auch in

der Karibik – so viele Feuerfische, dass sie die einhei-
mischen Fischarten dezi-
mierten. Dies bedrohte die
Wirtschaft Kolumbiens, die
zu einem Großteil von der
Fischerei abhängt. • Was
tun? Ein paar Werber in
Bogotá steckten die Köpfe
zusammen. Und setzten
dann das hungrigste Raub-
tier von allen auf den Feuerfisch an – den Menschen.
Denn der Feuerfisch hat
zwar giftige Flossen, sein
Fleisch ist aber äußerst
schmackhaft. • Darum pro-
duzierten die Werber ein
Kochbuch, das Lust auf
leckere Feuerfischgerichte
machte. Feuerfische wurden
in Lebensmittelabteilungen
verkauft. Spitzenrestaurants
setzten den Feuerfisch auf
die Menükarte. • Und die
Werber fanden noch einen
zweiten Kreativhebel, um

den Bestand an Feuerfischen zu reduzieren: Die Pfarrer Kolumbiens riefen am Ende der Messe dazu auf, am Freitag nicht einfach Fisch zu essen – sondern Feuerfisch. Woche um Woche wurden die Feuerfische in der Karibik weniger. Und Woche um Woche kehrten mehr einheimische Fische zurück.

Kreative Superkraft Nr. 22:
Entwickeln Sie Hebel-Ideen

»Gebt mir einen festen Punkt und ich hebe die Welt aus den Angeln«, versprach Archimedes, der im 3. Jahrhundert v. Chr. die Hebelgesetze entdeckte. Auch Kreativität ist ein Hebel. Nutzen Sie ihn. Am besten gleich zweimal hintereinander.

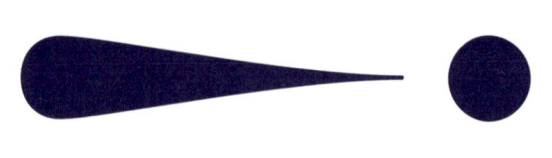

THINK

● ALS MARCEL BICH nach dem Zweiten Weltkrieg das Patent auf Kugelschreiber erwarb, gründete er die Firma BIC, um kostengünstige Einwegkugelschreiber zu produzieren. ● Das Geschäft lief gut, doch in den frühen 1970er-Jahren schien der Markt für Kugelschreiber gesättigt zu sein. Es gab mehrfarbige Kugelschreiber, Kugelschreiber mit löschbarer Tinte, vergoldete Kugelschreiber – jede Innovation war schon gemacht. Wie konnte BIC da noch wachsen? ● Die Leitung der Firma traf sich, um darüber nachzudenken. Lange herrschte bedrücktes Schweigen. Bis einer der Anwesenden einen Vorschlag machte: »Könnten wir nicht auch Einwegfeuerzeuge herstellen?« ● »Hast du den Verstand verloren?!«, riefen die anderen. »Wir sind nicht im Einweg *feuerzeug*-Geschäft. Wir sind im Einweg-*kugelschreiber*-Geschäft.« »Vielleicht nicht«, antwortete der Kollege. »Vielleicht sind wir im *Einweg*-Geschäft.« Und tatsächlich: BIC begann, sich nicht nur als Hersteller von Einwegkugelschreibern zu verstehen, sondern als Hersteller von Einwegprodukten aller Art. 1972 brachte die Firma das erste Einwegfeuerzeug auf den Markt. Drei Jahre später den ersten Einwegrasierer. Mittlerweile ist BIC der weltweit größte Hersteller von Einwegkugelschreibern, Einwegfeuerzeugen und Einwegrasierern. 15 000 Mitarbeiterinnen und Mitarbeiter stellen täglich 32 Millionen Produkte her. Die Gegengeschichte zu BIC ist die von Kodak. Das Unternehmen produzierte Rollfilme für Fotoapparate. Und weil man Rollfilme auf der Basis von Celluloseacetat herstellt, verstand sich Kodak als Chemieunternehmen. Dieses Selbstbild war so stark, dass Kodak zwar die digitale Fotografie erfand – aber ihr enormes Potenzial ignorierte. Kodak sah sich im Chemiegeschäft. Tatsächlich war das Unternehmen aber im Bildergeschäft.

Der faulste Hochspringer der Welt

Der faulste Hochspringer der Welt

Der faulste Hochspringer der Welt

Der faulste Hochspringer der Welt

Der faulste Hochspringer der Welt

Der faulste Hochspringer der Welt

2,

m

Der faulste Hochspringer der Welt

Der faulste Hochspringer der Welt

er faulste Hochspringer der Welt

•DER MANN, DER im Jahr 1968 der beste Hochspringer der Welt wurde, begann als der schlechteste. • Für Dick Fosbury war die Hochsprungtechnik der frühen 1960er-Jahre schlicht zu schwierig. Er schaffte es nicht, seine Bewegungen so zu koordinieren, dass er die Stange mit einer Schrägrolle vorwärts überspringen konnte. • Aber der Mann aus Portland ließ sich nicht entmutigen. Da es keine Regeln gab, wie ein Athlet springen musste, begann Fosbury, mit einer eigenen Technik zu experimentieren: Er lief beim Anlauf eine Kurve, drehte nach dem Absprung den Rumpf und überquerte die Latte rücklings. • Alle lachten, als Fosbury seine neue Sprungtechnik präsentierte. »Der faulste Hochspringer der Welt«, spottete ein Journalist. »Er sieht aus wie ein Fisch, der in einem Boot zappelt«, amüsierte sich ein anderer. Bis 1968 in Mexiko City die Olympischen Sommerspiele stattfanden. Im Finale des Hochsprungwettbewerbs konnten nur zwei Athleten die Marke von 2,22 m überspringen: Dick Fosbury und sein Teamkollege Ed Caruthers, der die traditionelle Straddle-Technik verwendete. Dann wurde die Stange auf 2,24 m angehoben. Caruthers scheiterte in drei Versuchen. Fosbury aber nahm die Latte. Und stellte einen neuen Olympiarekord auf. Die Konsequenz? Innerhalb weniger Jahre wurde der »Fosbury Flop« der populärste Sprungstil im Hochsprung – und blieb dies bis heute.

Kreative Superkraft Nr. 24:
Machen Sie alles falsch

Wie könnten auch Sie triumphieren,
indem Sie das komplette Gegenteil von
dem machen, was üblich ist? Was könnte
Ihr »Fosbury Flop« sein?
Manchmal ist es genau richtig,
alles falsch zu machen.

ENDE DER 1960er-Jahre hatte der Chemiker Spencer Silver den Auftrag, einen Superleim zu entwickeln. Statt die Stahlplatten von Ozeandampfern zu verschweißen, sollte man sie verkleben können. Aber der Leim, den Silver und sein Team erfanden, war ein Flop. Er konnte noch nicht mal eine zerbrochene Vase flicken. • Trotzdem hatte der Chemiker so ein Gefühl: Ein Leim, der fast nicht klebte und auch keine Rückstände hinterließ – vielleicht war das ja ganz nützlich? Aber Silver wusste einfach nicht, wofür. Sein Arbeitskollege Art Fry auch nicht. • Dann war Fry wieder einmal in der Chorprobe. Um auf Anhieb die Lieder zu finden, die sie einstudierten, legte er kleine Zettel zwischen die Seiten des Singbuchs. Gerade eben war einer dieser blöden Zettel herausgefallen. Da ging Fry ein Licht auf: Warum nicht kleine Papierstücke mit diesem komischen Leim beschichten, der nicht klebte und keine Rückstände hinterließ? Und ja, genau so wurde das Post-it erfunden. Ursprünglich als Buchzeichen gedacht, merkten Fry und Silver rasch, dass ihre Erfindung noch viel mehr war. Nämlich eine neue Art der Kommunikation. Via Kühlschranktüren (»Milch kaufen!«) oder Computermonitore (»Meeting um 10!«). Mittlerweile werden Jahr für Jahr 50 Milliarden Post-its verkauft. Und das nur, weil zwei Chemiker in einem Misserfolg keinen Misserfolg sahen.

Kreative Superkraft Nr. 25:
Betrachten Sie Scheitern als Chance

Thomas Edison brauchte ewig, um eine
funktionierende Glühbirne zu entwickeln.
»War das nicht frustrierend, immer
wieder zu scheitern?« fragte ihn ein
Reporter. »Wie kommen Sie darauf, dass
ich gescheitert bin?« antwortete Edison.
»Ich habe 10 000 Glühbirnen erfunden,
die nicht funktionieren.«

EIN SPITAL · mit Piratenschiff

26

DOUG DIETZ musste
schlucken. Der Ingenieur
von GE Healthcare stand
in der Kinderabteilung
eines Spitals, um den neuen
MRT-Scanner im Einsatz zu
erleben, an dem er jahre-
lang gearbeitet hatte. • Dietz
war überzeugt, dass dies ein
Moment des Triumphs wer-
den würde. Schließlich war
»sein« MRT-Scanner gerade
für einen wichtigen Design-
preis nominiert worden.
Aber von einem Moment des
Triumphs konnte keine Rede
sein. Im Gegenteil. • Der
Ingenieur sah, wie sich ein
kleines Mädchen dem Scan-
ner näherte, begleitet von
seinen Eltern. Das Mädchen
fürchtete sich schrecklich
davor, gleich in diese riesige
kalte Röhre geschoben zu
werden. Es schluchzte und
wimmerte. • Für den Radio-
logen war die Reaktion des

kleinen Mädchens keine
Überraschung. Routiniert
griff er zum Telefon und
bestellte den Narkosearzt.
Tatsächlich erfuhr Dietz,
dass 80 Prozent der Kinder,
die in seinen MRT-Scanner
müssen, sediert werden.
Sonst könnten sie vor lau-
ter Angst nicht so ruhig liegen, wie das für einen Scan
nötig ist. • Für Doug Dietz
brach die Welt zusammen.
Doch dann hatte der Ingenieur eine Idee. Indem er ihn
fantasievoll bemalen ließ,
verwandelte er einen der
MRT-Scanner in ein Piratenschiff. Und einen anderen in
ein Raumschiff. • Während
die Kinder im Scanner liegen,
erzählt ihnen der Radiologe
eine Abenteuergeschichte,
die genau auf die techni-
schen Vorgänge im Scanner
abgestimmt ist. So wird etwa
ein Geräusch, das die klei-

nen Patienten sonst ängstigen würde, zum Geräusch eines Raumschiffs, das mit maximaler Geschwindigkeit durchs All düst. • Das Resultat: Die Anzahl Kinder, die für einen MRT-Scan sediert werden müssen, ging massiv zurück. Denn während Dietz' erster Scanner für Patienten war, war sein zweiter für Menschen. •

MIT HILFE DER GÖTTER

INDISCHE MÄNNER haben die weißesten Zähne, die Sie jemals sehen werden. Oder die schwärzesten. • Der Grund für die verfärbten Zähne ist Paan: Betelblätter, die mit getrockneter Betelnuss, Kautabak und Gewürzen gefüllt sind. Eine Mischung, die den Speichel rot färbt. Und die Zähne mit der Zeit schwarz. • Die Wirkung von Paan ist anregend – und katastrophal. Denn Paan erhöht das Risiko von Mundkrebs. Wenn schwangere Frauen Paan kauen, kann es zu Frühgeburten kommen. • Und Paan hat einen weiteren Nachteil: Wenn man den roten Speichel ausspuckt, verursacht er hässliche Flecken. Nicht zuletzt an den Außenwänden von Häusern. • Verbote und Geldstrafen konnten Indiens Paan-Liebhaber nicht vom Spucken

abhalten. Doch auf einmal
gab es Häuser ohne rote
Flecken. Weil ihre cleveren
Besitzer auf die Außenwände
der Häuser Bilder von Hin-
du-Gottheiten klebten. Zum
Beispiel Shiva, den Zerstörer.
Vishnu, den Bewahrer. Oder
Ganesha, den Elefantengott,
der alle Hindernisse beseitigt. Eine Hindu-Gottheit
neben der anderen war auf
den Hauswänden zu sehen.
Das hielt die Paan-Liebhaber
nicht davon ab zu spucken.
Aber sie spuckten woanders
hin. Denn in einem so spiri-
tuellen Land wie Indien
spuckt niemand auf Götter.

```
-----------------------------
```
Kreative Superkraft Nr. 27:
Seien Sie der Elefantengott Ganesha
```
------------------------------------------
```
Für die meisten Menschen hat Kreativität
nichts mit dem realen Leben zu tun.
Musiker sind kreativ, Schriftsteller,
Filmemacher, Maler.
In Wahrheit ist Kreativität die praktischste
Sache der Welt.
Sie ist wie der Elefantengott Ganesha —
sie beseitigt Hindernisse.

Ein
statt
Ab

fall

28

WIE VIELE andere Städte auch hatte Braunschweig vor ein paar Jahren ein Problem, das zum Himmel stank – buchstäblich. Immer mehr Einwohner warfen ihren Müll einfach auf die Straße. Leere Pizzaschachteln, angebissene Sandwiches, sogar benutzte Kondome lagen herum. Die Straßen von Braunschweig waren voller Zigarettenkippen, ausgespuckter Kaugummis, ausgetrunkener Bierflaschen. Den Müll zu beseitigen, kostete jeden Tag Unsummen. Was sollten die Behörden gegen die Vermüllung von Braunschweig tun? Saftige Geldstrafen einführen? Den Einwohnern klarmachen, dass sie für die Reinigung der Straßen selbst bezahlten – mit ihren Steuergeldern? Die Stadtverwaltung hatte eine bessere Idee. Sie sorgte dafür, dass die Entsorgung von Müll Spaß machte. Spaß? Wie sollte das gehen? Ganz einfach: Dank Grunz-, Piep- und anderen komischen Geräuschen. Weil diese Geräusche aus Abfalleimern kamen, wenn man Müll hineinwarf. Alles, was es dafür brauchte, waren ein Bewegungssensor, ein Soundchip und ein Lautsprecher. Und weil das kaum etwas kostet, beschlossen die Behörden, auch einen Solarkollektor einzubauen. Der Effekt war eine deutliche Reduktion des Litterings innerhalb kürzester Zeit bei minimalem Aufwand. Mehr noch: In Braunschweig landete so viel Abfall in den klingenden Mülleimern, dass andere deutsche Städte die Idee aufgriffen. In Hannover und Oldenburg stellten die Behörden sogar

Mülleimer auf, die Pizza-
schachteln und Zigarettenkippen mit »Lecker!« oder
»Volltreffer!« kommentier-
ten.

- -
Kreative Superkraft Nr. 28:
Werden Sie zum Spieleerfinder
- -
»Gamification« — die Verwendung
spielerischer Elemente in einem spielfremden
Kontext — ist eine wirksame Strategie, das
Verhalten von Menschen zu beeinflussen.
Wie könnten auch Sie eine Verhaltensänderung
spielend einfach machen?

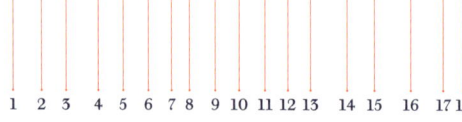

Das achtzehnte Kamel

1 2 3 4 5 6 7 8 9 10 11 12 13 14 15 16 17 18

ES WAR EINMAL ein kran-
ker alter Vater im Morgen-
land, der drei Söhne und
17 Kamele hatte. • Als der
alte Vater starb, hinterließ er
ein Testament. Darin stand,
dass der älteste Sohn die
Hälfte der Kamele bekom-
men sollte. Der zweite Sohn
sollte einen Drittel bekommen. Und der jüngste Sohn
einen Neuntel. • Das führte
zu einer Knacknuss: Die
Hälfte von 17 Kamelen sind
8,5 Kamele. Ein Drittel von
17 Kamelen sind 5,67 Kamele.
Ein Neuntel von 17 Kamelen
sind 1,89 Kamele. • Was sollten die drei Erben tun? Ein
paar der armen Kamele zer-
schneiden? • Die Brüder
suchten eine weise alte Frau
auf. Diese las das Testament
des Vaters sorgfältig durch.
Und fügte dann den 17 Kamelen eines ihrer eigenen Tiere
hinzu. • »Der älteste Sohn

soll die Hälfte der Kamele bekommen«, sagte die weise alte Frau. Und gab dem ältesten Sohn 9 der 18 Kamele. »Der zweite Sohn soll einen Drittel der Kamele bekommen.« Also gab sie ihm 6 der 18 Kamele. »Und der jüngste Sohn soll einen Neuntel der Kamele bekommen.« Also gab sie ihm 2 der 18 Kamele. »9 Kamele plus 6 Kamele plus 2 Kamele sind 17 Kamele«, rechnete die weise alte Frau vor. Und nahm dann ihr eigenes Kamel wieder zu sich. Die drei Söhne waren verwirrt. Die weise alte Frau hatte nicht nur das Problem mit den 17 Kamelen gelöst. Sie hatte dies auch auf eine Weise getan, die keine Kompromisse verlangte. Im Gegenteil: Der älteste Sohn hatte jetzt mehr als 8,5 Kamele, nämlich 9. Der zweite Sohn hatte mehr als

5,67 Kamele, nämlich 6. Der jüngste Sohn hatte mehr als 1,89 Kamele, nämlich 2. Und die weise alte Frau hatte kein Kamel weniger als zuvor.

- -
Kreative Superkraft Nr. 29:
Treten Sie einen Schritt zurück
- -

Auch für das schwierigste Problem gibt es eine Lösung. Sie müssen nur einen Schritt zurücktreten und das größere Ganze betrachten. Sie müssen nur auf die Metaebene gehen.
Und manchmal müssen Sie ein Kamel hinzufügen.

→ → → → → → → → →

Der K

a

u

g

u

m

m

i, der als S

e

i

f

e begann

•IN DEN 1890er-Jahren übernahm ein junger Mann aus Philadelphia von seinem Vater eine Seifenfabrik. Zur Verkaufsförderung beschloss er, jeder Seife ein Päckchen Backpulver beizulegen. • Das Backpulver kam bei den Kunden so gut an, dass der junge Mann anfing, eigenes Backpulver herzustellen. Zur Verkaufsförderung legte er jeder Packung zwei Kaugummis bei. • Die Kunden liebten die Kaugummis so sehr, dass der junge Mann begann, eigene Kaugummis zu produzieren. Unter dem Markennamen »Wrigley's Spearmint«. • Mittlerweile ist Wrigley der größte Kaugummihersteller der Welt, mit über 16 000 Mitarbeiterinnen und Mitarbeitern und einem Umsatz, der in die Milliarden geht. • So wie William Wrigley Jr. vom

Seifen- ins Backpulverge-
schäft und dann vom Back-
pulver- ins Kaugummige-
schäft wechselte, änderten
auch andere erfolgreiche
Unternehmen ihr Geschäfts-
modell. • YouTube war
ursprünglich ein Online-
Dating-Service, der den
Nutzern erlaubte, Videos
von sich hochzuladen. •
Instagram begann als eine
Check-in-App mit Fotofunk-
tion. • Pinterest startete
als eine Shopping-App mit
der Möglichkeit, Kollektio-
nen mit Lieblingskleidern
zu »pinnen«. • Und Flickr
begann als ein Online-Rol-
lenspiel mit Foto-Sharing-
Tool. •

- -
Kreative Superkraft Nr. 30:
Stoppen Sie, um durchzustarten
- -
William Wrigley Jr. erkannte, dass das
Geschäft, in dem er sich befand, nicht das
Geschäft war, in dem er am meisten Geld
verdienen konnte. Darum machte er als
vielleicht erster Unternehmer das, was
man neudeutsch »Pivoting« nennt.
Womit könnten *Sie* aufhören, um
durchzustarten?

Go, Pokémon, Go!

31

• AM 6. JULI 2016 kam das Smartphone-Spiel »Poké-mon Go« auf den Markt. Dank Augmented Reality lassen sich damit in der rea-len Welt virtuelle Kreaturen einfangen. • Innerhalb von zwei Wochen hatte die App 30 Millionen Nutzer. Und die Begeisterung für »Pokémon Go« hielt an. In den ersten sechs Monaten nach dem Start der App luden mehr als 600 Millionen Menschen das Spiel herunter. • Der Markt-wert des App-Entwicklers Niantic – eines vierzigköpfi-gen Start-ups – erhöhte sich um 7,5 Milliarden Dollar. Der Aktienkurs des Unter-nehmens Nintendo, dem die Marke Pokémon gehört, verdoppelte sich. • Bei der Entwicklung der App nutzte Niantic geschickt eine Reihe von Technologien, die für ein einzigartiges Spielerlebnis sorgen. So verwendet »Pokémon Go« zum Beispiel die Kamera des Smartphones, seine G P S -Funktion und Cloud Computing. • Doch der gewaltige Erfolg der App hat nicht in erster Linie mit den brillanten Programmierern bei Niantic zu tun. Sondern damit, dass die Entwickler ein Vorurteil ignorierten: dass Gamer faul auf dem Sofa liegen. • Ein Jahr nach dem Start von »Pokémon Go« nutzten noch immer jeden Monat 65 Millionen Menschen die App, und der Umsatz hatte 1,2 Milliarden Dollar erreicht.

Kreative Superkraft Nr. 31:
Werden Sie zum Ketzer

In jeder Branche gibt es Konventionen,
die nie hinterfragt werden. Obwohl sie
in Wahrheit auf falschen Annahmen beruhen.
Machen Sie's wie die Entwickler von
»Pokémon Go«. Brechen Sie Regeln, die
zu Unrecht gelten.
Früher hat man Ketzer verbrannt. Heute
mischen sie Märkte und Industrien auf.

rinks

und

lechts

32

•SO EINEN FILM hatte es noch nie gegeben. So eine Budgetüberschreitung aber auch nicht. • Sechs Wochen sollten die Dreharbeiten für »Apocalypse Now« dauern. Am Ende waren es 238 Tage. Und statt zwölf Millionen Dollar kostete der Film fast dreimal so viel. • Francis Ford Coppola – der Regisseur und Produzent – erlitt einen Nervenzusammenbruch. Danach schuftete er jahrzehntelang wie ein Verrückter, um seine Schulden zu bezahlen. • Beim Dreh des Films »Jugend ohne Jugend« nahm sich Coppola darum vor, das Budget strikt einzuhalten. Alles lief nach Plan, bis der Regisseur für eine Szene ein rechtsgelenktes Oldtimer-Taxi brauchte. Weil die Dreharbeiten aus Kostengründen in Rumänien stattfanden, hatten aber alle

Oldtimer-Taxis, die man auf-
treiben konnte, das Steuerrad auf der linken Seite.
In den guten alten Holly-
wood-Zeiten hätte Coppola
jetzt einfach verlangt, dass
man einen rechtsgelenkten
Oldtimer einfliegt. Aber die
guten alten Hollywood-Zei-
ten waren vorbei. Was tun?
Der Regisseur dachte nach.
Und ließ vor dem Dreh der
Szene mit dem rechtsge-
lenkten Taxi den Scheitel
des Schauspielers auf die
andere Seite ziehen und
ein Taxi-Zeichen in Spie-
gelschrift auf das Autodach
schrauben. Sie ahnen,
warum? Genau: Nachdem
die Szene im Kasten war,
drehte Coppola im Schnei-
deraum den Film einfach um.
Der Scheitel saß wieder so
wie in der Szene zuvor. Das
Taxi-Zeichen war nicht mehr
in Spiegelschrift. Aber das
Steuerrad war plötzlich auf
der rechten Seite.

Kreative Superkraft Nr. 32:
Praktizieren Sie geistiges Jiu-Jitsu

Jiu-Jitsu ist eine japanische Kampfkunst,
bei der es nicht um Muskeln gegen Muskeln
geht, sondern um Siegen durch Nachgeben.
Die Kraft des Angreifers wird gegen ihn
selbst »gedreht«. Der Angreifer bekämpft
sich selbst.
Auch Kreativität ist Jiu-Jitsu – *geistiges*
Jiu-Jitsu. Egal, wer oder was Ihnen etwas
anhaben will: Wenn Sie eine clevere Idee
haben, stehen Sie am Schluss als Sieger da.

Sichtbare Luft

SICHTBARE LUFT SICHTBARE LUFT SICHTBARE LUFT SICHTBARE LUFT SICHTBARE LUFT SICHTBARE LUFT SICHTBARE LUFT SICHTBARE LUFT SICHTBARE LUFT SICHTBARE LUFT SICHTBARE LUFT SICHTBARE LUFT SICHTBARE LUFT SICHTBARE LUFT SICHTBARE LUFT SICHTBARE LUFT

• ER IST EINER der legen-
därsten Turnschuhe über-
haupt: der Air Max 1 von
Nike, der 1987 auf den Markt
kam. • Das Besondere daran
waren die sichtbaren Luftkissen. Denn in den Sohlen des
Air Max gab es kleine »Fens-
ter«. • So einen Turnschuh
hatte es noch nie gegeben.
Und die Marke Nike, deren
Produkte Mitte der 1980er-
Jahre Konkurrenz bekom-
men hatten, strahlte wieder
in hellem Glanz. • Erfunden
wurde der Air Max von Tinker Hatfield. Er kam 1981 als
Architekt zu Nike und entwarf Firmengebäude und
Verkaufsläden. 1985 wech-
selte er in die Designabtei-
lung. • Da saß Hatfield nun
und brütete über dem Design
für den Air Max. Wie konnte
er dem Schuh ein möglichst
eigenständiges Aussehen
verleihen? • Hatfield skiz-

zierte Entwurf um Entwurf. Doch keiner war innovativ und kreativ genug, um Nike wieder zur führenden Turnschuhmarke zu machen. Eines Tages erinnerte sich Hatfield an ein Gebäude, das ihn als jungen Architekten beeindruckt hatte. Es war das Centre Pompidou in Paris, gebaut von Renzo Piano, Richard Rogers und Gianfranco Franchini. Als das Gebäude 1977 fertiggestellt wurde, rieben sich die meisten Pariser verwundert die Augen. Denn was bei Häusern sonst verborgen bleibt: die Lüftungsrohre, die Rolltreppen, die Heiztechnik – beim Centre Pompidou war all das an der Fassade angebracht. »Als würde man die Eingeweide des Gebäudes sehen«, erinnert sich Tinker Hatfield. Und genau dies inspirierte ihn für das

Design des Air Max 1. Das Innere (und zugleich Besondere) des Schuhs – die Luftkissen – war sichtbar.

- -
Kreative Superkraft Nr. 33:
Gehen Sie fremd
- -
Wie könnten auch Sie sich von etwas inspirieren lassen, das nichts mit Ihrem Fachbereich zu tun hat?
In der Biologie gibt es den Begriff der Fremdbestäubung. Durch Wind, Wasser oder Tiere werden Pollen von der einen Blüte auf die andere übertragen.
Lassen Sie sich fremdbestäuben.

8 Fuß

20 Fuß oder 40 Fuß

GROßE, BEHAARTE, KÜHNE ZIELE

GROßE, BEHAARTE, KÜHNE ZIELE

GROßE, BEHAARTE, KÜHNE ZIELE

GROßE, BEHAARTE, KÜHNE ZIELE

GROßE, BEHAARTE, KÜHNE ZIELE

GROßE, BEHAARTE, KÜHNE ZIELE

GROßE, BEHAARTE, KÜHNE ZIELE

GROßE, BEHAARTE, KÜHNE ZIELE

GROßE, BEHAARTE, KÜHNE ZIELE

IN DEN 1950er-Jahren standen Transportreedereien vor einer Herausforderung: Der Warentransport mit Flugzeugen und Lastwagen nahm zu. Um nicht weiter Marktanteile zu verlieren, musste der Transport übers Meer günstiger werden. Die Reedereien ließen schnellere Schiffe bauen, reduzierten die Besatzungen und fanden Wege, den Treibstoffverbrauch einzudämmen. Doch noch immer waren die Kosten viel zu hoch. So dauerte es zum Beispiel ewig lang, bis ein Schiff beladen oder seine Fracht nach der Ankunft im Zielhafen gelöscht war. Darum setzte sich Malcolm McLean – ein früherer Lkw-Spediteur – ein ehrgeiziges Ziel: Er wollte schon mit dem Beladen der Schiffe beginnen, bevor diese im Hafen eintrafen.

Zusammen mit dem Ingenieur Keith Tantlinger baute McLean eine massive Verpackungskiste aus Stahlblech, die in Größe und Form einem Eisenbahnwaggon glich – der Schiffscontainer war geboren. • Und damit ein radikal neues Konzept. Denn die Transportschiffe wurden nun mit Tausenden normierter Container beladen, in denen die Fracht schon vor dem Anlegen der Schiffe sicher verstaut war. • Eine enorme Effizienzsteigerung, die dazu führte, dass die Reedereien wieder schnell und günstig Waren transportieren konnten. • Für ehrgeizige Ziele wie das von Malcolm McLean haben die Wirtschaftsautoren James Collins und Jerry Porras einen lustigen Begriff geprägt: »Big Hairy Audacious Goals«. • Das große, behaarte, kühne Ziel von

Henry Ford war es, das Auto zu demokratisieren. Das große, behaarte, kühne Ziel von IKEA-Gründer Ingvar Kamprad war es, Möbel erschwinglich zu machen. Das große, behaarte, kühne Ziel von Nike-Gründer Phil Knight war es, Adidas die Stirn zu bieten.

- -
Kreative Superkraft Nr. 34:
Machen Sie den Augenbrauen-Test
- -
Erzählen Sie jemandem von Ihrem Ziel.
Wenn Ihr Gegenüber die Augenbrauen hebt,
ist es groß genug, behaart genug,
kühn genug.

• IM MAI 1943 stoppten
die Alliierten den Afrika-
feldzug der deutschen und
italienischen Truppen. Für
Churchill und Roosevelt war
der logische nächste Schritt,
in Sizilien zu landen. Das
Dumme aber war, dass Hitler
und Mussolini diesen Schritt
genauso logisch fanden.
Darum sollte Ewen Mon-
tagu – ein Offizier des briti-
schen Geheimdiensts – dafür
sorgen, dass Deutschland
und Italien den Angriff an
einer anderen Stelle erwar-
teten. Montagu erarbeitete
einen tollkühnen Plan. Und
die »Operation Mincemeat«
(Operation Hackfleisch)
begann. • In London legte
man einen toten Obdachlo-
sen in eine Kiste mit Trocken-
eis. Ein britisches U-Boot
transportierte die Kiste nach
Spanien, wo Montagu den
Toten vor der Küste der

Stadt Huelva ins Meer warf. Ein Fischer fand die Leiche und übergab sie den spanischen Behörden. Diese untersuchten den Toten. Und fanden tatsächlich Salzwasser in den Lungen, wie bei einem Ertrunkenen. (Montagu hatte an alles gedacht und es hineinpumpen lassen.) • Die Uniform und die Papiere, die der Tote bei sich trug, wiesen ihn als William Martin aus, Offizier der englischen Marine. Offenbar sollte dieser Martin streng geheime Dokumente nach Nordafrika transportieren, war aber mit seinem Flugzeug in der Nähe der spanischen Küste abgestürzt. Die Dokumente enthüllten den Plan eines Angriffs der Alliierten auf Sardinien, gefolgt von einem zweiten Vorstoß gegen Griechenland. • Der spanische Geheimdienst fotografierte die Pläne und schickte sie nach Berlin. Mit dem Resultat, dass Hitler die Truppen der Wehrmacht in Sardinien und Griechenland verstärkte. Am 9. Juli 1943 begannen die Alliierten mit ihrem Angriff auf Sizilien, wo sie auf fast keinen Widerstand stießen. Und schon einen Monat später war die Eroberung der Insel abgeschlossen.

36

statt Lowtech Hightech

• JAHR FÜR JAHR sterben in der Dritten Welt über vier Millionen Babys, weil ihr Stoffwechsel und Körperfett nicht ausreichen, um den kleinen Körper warmzuhalten. • In Brutkästen könnten diese Kinder überleben. Doch Brutkästen kosten ein Vermögen, und wenn sie von wohltätigen Organisationen gespendet werden, gehen sie rasch kaputt, da niemand weiß, wie man sie richtig wartet. • Hightech scheint in der Dritten Welt einfach nicht überleben zu können. Das einzige Stück Technologie, das dort perfekt funktioniert, sind Toyota Trucks. Die fahren immer. Und wenn nicht, gibt es stets jemanden, der weiß, wie man sie repariert. Ersatzteile finden sich auf jedem Schrottplatz. • Darum hat die gemeinnützige Organisation »Design that

Matters« einen ganz beson-
deren Brutkasten entwickelt:
»NeoNurture« – einen Brutkasten aus Truck-Teilen. Sie
haben richtig gelesen. Das
Heizelement ist ein Abblend-
scheinwerfer, für die Zirku-
lation der warmen Luft sorgt
der Ventilator aus einem
Armaturenbrett, und als
Warnsignal leuchtet ein Blin-
ker. Wenn der Brutkasten
repariert werden muss, kann
das jeder halbwegs gelernte
Automechaniker tun – mit
Truck-Teilen vom Schrott-
platz.

```
--------------------------------
```
Kreative Superkraft Nr. 36:
*Fokussieren Sie auf das, was Sie haben,
statt auf das, was Ihnen fehlt*
```
--------------------------------
```
Für die meisten von uns liegt der
Schlüssel zum Erfolg darin, mehr Ressourcen
zu bekommen. Mehr Zeit. Ein größeres
Budget. Ein größeres Team.
In Wirklichkeit haben wir bereits alle
Ressourcen, um erfolgreich zu sein. Wir
müssen sie nur entdecken und richtig nutzen.
Wir müssen nur kreativ werden.

Opt-in vs. Opt-out

57

DEUTSCHLAND und Österreich liegen gleich nebeneinander. Aber wenn es um die Anzahl Organspender geht, könnten die beiden Länder nicht weiter voneinander entfernt sein. In Deutschland sind nur 12 Prozent der Menschen bereit, ihre Organe zu spenden. In Österreich sind es fast 100 Prozent. Wie kommt das? Denken die Österreicher mehr an ihre Mitmenschen? Ist Organspende für sie eine Form der Nächstenliebe? Die Antwort ist nein. Hat die österreichische Regierung eine äußerst effektive Sensibilisierungskampagne durchgeführt? Die Antwort ist ebenfalls nein. Die simple Erklärung für den riesigen Unterschied bei der Anzahl Organspender hat mit etwas zu tun, was Verhaltensökonomen »Choice Architecture« nennen. In

Deutschland müssen Sie einer Organentnahme *zustimmen,* zum Beispiel durch Tragen eines Organspendeausweises – die sogenannte Zustimmungslösung. In Österreich müssen Sie eine Organentnahme *verweigern,* indem Sie sich in einem speziellen Register eintragen – die sogenannte Widerspruchslösung. Mit anderen Worten: In Österreich sind Sie grundsätzlich Organspender, in Deutschland nicht. »Aber halt!«, werden Sie jetzt denken: Warum entscheiden sich denn nicht mehr Österreicher gegen eine Organentnahme? Schließlich hätten sie ja die Wahl. Ja, die hätten sie. Doch die Entscheidung, ob wir unsere Organe spenden wollen, ist äußerst komplex. Darum entscheiden die meisten Österreicher, sich nicht zu entscheiden. Und bleiben dadurch Organspender. Die Widerspruchslösung ist ein cleverer Dreh, den neben Österreich viele weitere Länder anwenden, zum Beispiel Frankreich, Italien oder Schweden. Während Deutschland, Großbritannien oder die Niederlande chronisch zu wenig Organspender haben.

- -
Kreative Superkraft Nr. 37:
Werden Sie Entscheidungsarchitekt
- -
»Choice Architecture« lässt Sie Entscheidungen beeinflussen, obwohl diese noch immer in völliger Freiheit gefällt werden.
Sollten Sie nicht so schnell wie möglich Entscheidungsarchitekt werden?

Der
eigenartige
Judoka
38

BEI EINEM Verkehrsun-
fall verlor ein kleiner Junge
seinen linken Arm. Um sein
Selbstvertrauen zu stärken,
schickte die Mutter ihren
Sohn in den Judo-Unter-
richt. Dort nahm sich ein
alter Judo-Meister seiner an
und lehrte den Jungen den
immer gleichen Wurf. • Der
Junge sah, dass die anderen
Schüler viele andere Würfe
lernten, und fragte den Meister, warum er ihm bloß diesen einen zeigte. Der Meister
sagte nur: »Übe weiter.« •
Nach einem Jahr fand die
nationale Judo-Meisterschaft
statt. Und der alte Lehrer
meldete den Jungen an. •
Der erste Kampf begann,
und obwohl sein Gegner
zwei Arme hatte, warf der
Junge ihn zu Boden. Der
zweite Gegner hatte nicht
nur zwei Arme, er war auch
viel größer und stärker.

Aber erneut warf der Junge
seinen Gegner zu Boden –
mit der einzigen Wurftech-
nik, die er beherrschte. Die
dritte und vierte Runde
verliefen genau gleich. Und
dann stand der Junge im
Finale des Turniers einem
Gegner gegenüber, der den
Wettkampf drei Jahre in
Folge gewonnen hatte.
Der einarmige Junge war
ziemlich erschöpft. Die
Organisatoren des Turniers
fragten den alten Judo-Meister, ob er seinen Schüler
nicht zurückziehen wolle.
»Nein«, sagte der Lehrer.
»Er wird kämpfen.« Als das
Finale begann, standen die
Zuschauer vor Anspannung
von ihren Sitzen auf. Der
Gegner packte den einar-
migen Jungen mit aller
Kraft. Für eine Sekunde sah
es aus, als wäre der Wett-
kampf entschieden. Doch

dann wandte der Junge seine bewährte Technik an – und sein Gegner landete flach auf dem Rücken. Auf der Heimfahrt fragte der Junge seinen Lehrer: »Sei ehrlich: Hat man mich nur gewinnen lassen, weil ich keinen linken Arm habe? Ich beherrsche doch nur diesen einen Wurf.« »Stimmt«, sagte der alte Meister. »Aber es ist der einzige Wurf, gegen den man sich nur verteidigen kann, indem man den linken Arm des Gegners packt.«

Kreative Superkraft Nr. 38:
Machen Sie aus einem Nachteil einen Vorteil

Jeder kann siegen, wenn er größer, stärker, mächtiger ist.
Doch richtig Spaß macht Siegen erst, wenn Sie der Außenseiter sind, der Chancenlose, der Underdog – und mit einem cleveren Dreh die Konkurrenz aushebeln.

TRINK EINE ORANGE

•ZU BEGINN des 20. Jahr-
hunderts war der Amerikaner
Albert D. Lasker der erfolgreichste Werber der Welt.•
Eines Tages kamen kalifor-
nische Orangenzüchter auf
ihn zu. Sie brauchten Hilfe –
und zwar rasch. • Der Markt
für Orangen war gesättigt,
die Preise fielcn, die Oran-
genbauern verkauften ihre
Früchte mit Verlust und viele
begannen, ihre unprofitab-
len Orangenbäume zu fällen.
Darum fragten die Orangenzüchter Lasker, ob er eine
Werbekampagne zur Förde-
rung des Orangenkonsums
entwickeln könne. • Der Werber sagte Ja. Und erfand den
Orangensaft. Ein Getränk,
das es davor nicht gab. Und
für das jede Menge Orangen
benötigt werden. • Lasker
und sein bester Werbetex-
ter – Claude C. Hopkins – entwickelten eine Anzeige mit

der Schlagzeile: »Drink an
Orange«. Der Text machte
den Lesern klar, dass Orangensaft köstlich schmeckt
und dass ihn Ärzte wegen
seiner vielen Vitamine empfehlen. Lasker ließ auch
eine Saftpresse aus Glas
entwickeln, die man für nur
10 Cent bestellen konnte.
Innerhalb kürzester Zeit
verkaufte der Werber drei
Millionen Saftpressen.
Und der Verkauf von Oran-
gen vervielfachte sich.

Kreative Superkraft Nr. 39:
Bleiben Sie unzufrieden

Die erste Lösung, die Ihnen einfällt,
ist immer die Standardlösung. Verwerfen
Sie sie. Und die nächsten paar Lösungen,
die Ihnen einfallen, auch.
Echte Innovation entsteht, wenn Sie völlig
neue Wege gehen. Und das ist oft gar nicht
so schwer. Weil Sie dann nicht krampfhaft
eine bestehende Lösung optimieren. Sondern
eine völlig neue Lösung suchen.
Warum nicht bei einem Glas Orangensaft.

40

beleidigte

AM ABEND des 24. August 1853 schäumte George Crum vor Wut. Er stand in der Küche eines Restaurants im amerikanischen Saratoga Springs und schnippelte schon zum dritten Mal Kartoffeln für den Eisenbahn-Magnaten Cornelius Vanderbilt. • Der berüchtigte Feinschmecker hatte die ersten beiden Teller mit frisch zubereiteten Pommes zurückgehen lassen. Die Kartoffelstäbchen seien zu dick geschnitten, zu feucht und zu wenig gesalzen, beklagte sich der Milliardär. • Darum beschloss Crum, es dem verwöhnten Gourmet heimzuzahlen. Er schnitt die nächste Portion Kartoffeln in extrem dünne Scheiben, briet sie in heißem Öl knusprig und würzte sie mit extra Salz. • »Wollen wir doch mal sehen, ob sich dieser Idiot jetzt noch immer über zu dick geschnittene Pommes beklagt!«, mag Crum gedacht haben und beobachtete heimlich, wie der Kellner den Teller mit den krossen Kartoffelscheiben an den Tisch des Milliardärs brachte. Zuerst war Vanderbilt überrascht. Die Kartoffeln waren so dünn und knusprig, dass sie zerbröselten, wenn er sie aufgabeln wollte. Doch dann geschah das Unvorstellbare: Der Gourmet legte die Gabel beiseite, um die krossen Kartoffelscheiben mit größter Wonne von Hand zu essen. Ein fettes Trinkgeld hinterließ er auch. Der überraschte George Crum reagierte sofort. Er nannte seine neue Kreation »Saratoga Chips« und setzte sie auf die Speisekarte. Bald waren seine krossen Kartoffelscheiben in ganz Neu-

england bekannt. Und wenig
später in der ganzen Welt –
als Kartoffelchips.

- -
Kreative Superkraft Nr. 40:
Übertreiben Sie's
- -
Was könnten Sie dünner/dicker, kleiner/
größer, leichter/schwerer, günstiger/edler,
einfacher/schwieriger etc. machen, als es
normalerweise ist?
Die Menschen lieben das Außergewöhnliche.
Geben Sie es ihnen.

FACKELN DER FREIHEIT

»IN UNSEREM Vorgarten ist eine Goldmine«, erkannte George Washington Hill Mitte der 1920er-Jahre. Und der Präsident der American Tobacco Company war entschlossen, diese Mine zu erschließen. • Aber wie? Wie konnte Hill die Menge der an Frauen verkauften Zigaretten verdoppeln, indem er sie dazu brachte, auch auf der Straße zu rauchen? • Sie haben richtig gelesen: Frauen durften damals zu Hause rauchen, im Restaurant, im Taxi oder im Theater, aber auf keinen Fall auf der Straße. Denn Frauen, die auf der Straße rauchten, galten als »unmoralisch«. • Um mehr Zigaretten an Frauen verkaufen zu können, musste George Washington Hill ein soziales Tabu brechen. Eine ziemliche Herausforderung. Darum wandte sich Hill nicht

an einen einfachen Sterb-
lichen, um Unterstützung
für sein Vorhaben zu bekommen. Sondern an Edward
Bernays, den Erfinder der
Public Relations – und Nef-
fen von Sigmund Freud.
Bernays schlug eine Strategie vor, für deren diabolische
Genialität man ihn bewun-
dern muss: Er beschloss, die
nach dem Ersten Weltkrieg
entstandene Emanzipations-
bewegung für seine Zwecke
zu nutzen. Am Ostersonn-
tag des Jahres 1929 ließ Bernays zehn hübsche junge
Frauen die Fifth Avenue hin-
unterspazieren und demons-
trativ Zigaretten anzünden –
oder wie Bernays sagte:
»Fackeln der Freiheit«.
Und natürlich sorgte das
PR-Genie dafür, dass genü-
gend Reporter und Fotogra-
fen vor Ort waren. »Ein
Coup im Namen der Freiheit
der Frauen«, schrieb ein

Journalist und zitierte eine von Bernays' sorgfältig instruierten Demonstrantinnen: »Ich hoffe, dass unser Geschlecht auch alle weiteren unsinnigen Diskriminierungen abschütteln wird.« Der Effekt der Aktion: Immer mehr emanzipierte Frauen wagten es, in der Öffentlichkeit zu rauchen. Sehr zur Freude der American Tobacco Company, deren Zigarettenmarken den größten Marktanteil hatten – und darum am meisten von diesem Tabubruch profitierten.

- -
Kreative Superkraft Nr. 41:
Gehen Sie auf die Straße
- -

Wie könnten auch Sie davon profitieren, dass immer mehr Menschen leidenschaftlich für oder gegen etwas sind?
Ihr Produkt oder Ihr Unternehmen mit einer sozialen Bewegung zu verbinden, kann eine effektive Strategie sein.
Aber versprechen Sie mir eins: Nutzen Sie sie für etwas Sinnvolleres als Zigaretten.

Flam-
m e n
auf dem
M e e r
F l a m m e n
auf dem Meer
F l a m m e n
auf dem Meer
Flammen   auf
dem Meer Flam-
men auf dem Meer
Flammen auf dem Meer
Flammen auf dem Meer
Flammen auf dem Meer
Flammen auf dem Meer
Flam-   **men**   auf   dem   Meer
F l a m -   **men**   auf   dem   Meer
Flammen   auf   dem   Meer
Flammen   auf   dem   Meer
Flammen   auf   dem   Meer
Flammen   auf   dem   Meer
Flammen   auf   dem   Meer
Flammen   auf   dem   Meer
Flammen   auf dem   Meer
Flammen   auf dem   Meer
Flammen auf dem Meer
Flammen auf dem Meer
F l a m m e n   auf   dem   Meer
F l a m m e n   auf   dem   Meer
F l a m m e n   auf   dem   Meer
F l a m -   men auf   dem   Meer
F l a m m e n   a u f dem   **Meer**
F l a m m e n   a u f dem   **Meer**
F l a m m e n   **auf dem Meer**
F l a m m e n   **auf dem Meer**
F l a m m e n   auf dem Meer
Flammen auf   Flammen   auf
dem   Meer   Flammen auf
dem Meer   F l a m m e n
auf dem   M e e r
F l a m -   men   auf
d e m   M e e r
F l a m -
m e n
auf

IST ES EINE Legende? Ist es die Wahrheit? Ich erzähle Ihnen die Geschichte trotzdem. • Im Jahr 1519 wollte der Konquistador Hernán Cortés das Aztekenreich erobern, das für seine Schätze aus Gold, Silber und Juwelen berühmt war. Cortés' Armee war klein, nur 600 Mann, und entsprechend gering war seine Aussicht auf Erfolg. Seit Jahrhunderten hatten Eroberer mit viel größeren Armeen die Azteken vergeblich zu besiegen versucht. • Der Konquistador und seine Männer befanden sich auf einer Selbstmordmission. Und Cortés wusste das. Darum befahl er nach der Landung am Ufer der Halbinsel von Yucatán, die spanischen Galeeren zu verbrennen. War er verrückt geworden? Ganz im Gegenteil. Durch die Zerstörung der Schiffe ließ Cortés sich und seinen Männern nur zwei Möglichkeiten: Entweder sie besiegten die Azteken. Oder sie kamen alle um. Die dritte Möglichkeit – die Flucht zurück aufs Meer – war soeben in Rauch aufgegangen. Hernán Cortés und seine Männer eroberten das Aztekenreich. Denn etwas anderes blieb ihnen gar nicht übrig.

Kreative Superkraft Nr. 42:
Verbrennen Sie Ihre Ausreden

Sie haben zu wenig Talent? Nicht die
nötigen Mittel? Keine Beziehungen?
Was immer Ihre Entschuldigungen sind, um
nicht mit Hochdruck an der Umsetzung Ihrer
Idee zu arbeiten – betrachten Sie Ihre
Ausreden als eine von Cortés' Galeeren.
Und dann werfen Sie eine Fackel darauf.

• MITTE DER 1990er-Jahre beherrschten Firmen wie Lycos oder Excite das Internet. Sie waren Webportale und für viele User die Startseite ihres Webbrowsers. Darum brachten Lycos & Co. so viel Content wie möglich auf ihren Seiten. Je länger sie die Nutzer auf ihrem Portal halten konnten, desto mehr Geld verdienten sie mit Werbung. • Auf den Portalen gab es Nachrichten, die Wettervorhersage, Sportberichte, Klatsch. Und ganz nebenbei war jedes Portal auch noch eine Suchmaschine. Sie listete nicht wirklich die relevantesten Suchergebnisse auf. Eher jene, die halfen, den Werbekunden des Portals mehr Aufmerksamkeit zu verschaffen. Trotzdem schienen die Internetnutzer damit jahrelang zufrieden. Bis zum 27. September 1998 –

dem Tag, an dem Google startete. • Google gewichtete die Suchergebnisse nach der Anzahl und Relevanz der Webseiten, die auf sie verlinkten. Die neue Suchmaschine war aber nicht nur ein technologischer Durchbruch, sondern auch ein psychologischer. • Ich erinnere mich noch gut daran, wie ich das erste Mal auf google.com ging. Statt eines überladenen Portals gab es nur eine leere weiße Webseite mit einem simplen Suchfeld. Von Beginn weg war klar, dass es bei Google nicht um Nachrichten, die Wettervorhersage, Sportberichte, Klatsch und nebenbei auch noch ein bisschen Suchen ging. Vielmehr war klar, dass es hier *nur* ums Suchen ging. • Und genau das war für den kommerziellen Erfolg von Google genauso entscheidend wie

der ausgeklügelte Suchalgo-
rithmus. Wenn Sie nur eine
Suchmaschine sind, werden
die Menschen denken, dass
Sie eine gute Suchmaschine
sind. Und weil Sie nur eine
Suchmaschine sind, werden
Sie all Ihre Energie darauf
verwenden, eine gute Suchmaschine zu sein – und sind
darum auch eine gute Suchmaschine.

- -
Kreative Superkraft Nr. 43:
Sagen Sie Ja zu Nein
- -
Wollte Roger Federer nebenbei noch
Schriftsteller werden? Oder Daniel Kehlmann
nebenbei noch Tennisprofi?
Googeln Sie die Besten in jedem Bereich
und Sie werden sehen: Sie sagten zu vielem
Nein, um zu etwas wirklich Ja zu sagen.

Flüssiges Papier
Flüssiges Papier
Flüssiges Papier
Flüssiges Papier
Flüssiges Papier
Flüssiges Papier
Flüssiges Papier
Flüssiges Papier
Flüssiges Papier
Flüssiges Papier
Flüssiges Papier
Flüssiges Papier
Flüssiges Papier
Flüssiges Papier

IM DEZEMBER 1956 war
Bette Nesmith Graham die
Sekretärin eines Bankdirek-
tors in Dallas. Da sie gern
malte, verdiente sie sich
etwas hinzu, indem sie nach
Feierabend das Schaufenster
der Bank mit Weihnachts-
figuren verschönerte. • Die
alleinerziehende Mutter
hatte einen weiteren müh-
samen Arbeitstag hinter
sich – wie alle Sekretärinnen
seit der Erfindung der elektrischen Schreibmaschine.
Zwar sollte letztere das Tip-
pen erleichtern. Ihre Tasta-
tur war aber so empfindlich,
dass dies zu ständigen Tipp-
fehlern führte, und weil
Radieren Spuren hinterließ,
musste meist das komplette
Dokument neu geschrieben
werden. • Doch jetzt, wo
Bette das Schaufenster der
Bank verschönerte, fiel ihr
etwas auf: Wenn ihr die
Weihnachtsfiguren, die sie

auf den weißen Hintergrund
malte, nicht gefielen, übermalte sie diese einfach.
Bette eilte nach Hause, rührte
eine papierweiße Farbe an
und goss die Flüssigkeit in ein
leeres Nagellackfläschchen.
Zurück im Büro, benutzte
sie einen Aquarellpinsel, um
ihre Tippfehler weiß zu über-
tünchen. Dann pustete Bette
auf die Farbe, bis sie trocken
war, und tippte die korrekten
Buchstaben auf die übermalte
Stelle. Schnell wollten auch
andere Sekretärinnen die
weiße Zauberfarbe, und Bette
blieb abends lang auf, um
in ihrer Küche Farbe anzu-
rühren und in Fläschchen zu
füllen. Sie nannte ihr Produkt
»Mistake Out«, verkaufte es
aber nur an Freunde und
Bekannte. Über ein Jahr
lang arbeitete Bette tagsüber
als Sekretärin und nachts
als Kleinunternehmerin. Bis
sie eines Tages versehent-

lich einen Brief der Bank mit »The Mistake Out Company« unterschrieb. Bette wurde gefeuert – und konzentrierte sich fortan auf ihre Geschäftsidee. Sie meldete ein Patent an und änderte den Namen der Korrekturflüssigkeit zu »Liquid Paper«. (Die deutsche Entsprechung – das flüssige »Tipp-Ex« – kam erst Jahre später auf den Markt.) »Liquid Paper« wurde ein gewaltiger Erfolg, und im Jahr 1979 verkaufte Bette ihr Unternehmen für über 47 Millionen Dollar.

Kreative Superkraft Nr. 44:
Lassen Sie sich notfalls zum Glück zwingen

Erst als Bette gefeuert wurde, fing sie an, sich voll und ganz ihrer Geschäftsidee zu widmen. Im Moment empfand sie ihre Entlassung als Katastrophe. Aber im Nachhinein war sie ein Segen.
Wie könnten auch Sie sich zum Glück zwingen lassen?

Der Bestätigungs **45** irrtum

• WÄHREND Charles Darwin seine revolutionäre Lehre von der Entstehung der Arten entwickelte, füllte er unzählige Notizbücher mit Beobachtungen und Gedanken. • Eines dieser Notizbücher trug der Naturforscher immer bei sich. Darin hielt er sämtliche Beobachtungen fest, die seiner Evolutionstheorie widersprachen. Denn Darwin wusste um die Macht des sogenannten »Confirmation Bias« (engl. Bestätigungsirrtum) – der Neigung der menschlichen Spezies, Informationen auszublenden, die nicht in unser Weltbild passen. • Darwin wollte seine Theorie nicht nur bestätigt sehen. Er wollte *wirklich* beobachten, *wirklich* nachdenken, *wirklich* lernen. »Wenn wir gezwungen werden, unsere Meinung zu ändern, sollten wir dankbar sein«, schreibt der Wissenschaftsautor Malcolm Gladwell. »Denn das bedeutet, dass wir jetzt klüger sind als zuvor.« • Es gibt noch viele weitere kognitive Verzerrungen, die uns daran hindern, die Dinge so zu sehen, wie sie wirklich sind. • Der »Dunning-Kruger-Effekt« lässt uns das eigene Können über- und das Können anderer unterschätzen. (»Ein Geisterfahrer? Hunderte!«) • Die »Clustering-Illusion« führt dazu, dass zufällige Muster eine höhere Bedeutung bekommen. (Zum Beispiel dann, wenn wir auf einem verbrannten Toast das Gesicht von Jesus sehen.) • Die »Verlust-Aversion« lässt uns Verluste höher gewichten als Gewinne. (Tatsächlich schmerzt uns ein Verlust von 100 Euro doppelt so sehr, wie uns ein Gewinn von 100 Euro freut.) Und zuletzt noch eine lustige kognitive Verzerrung: Der »Bias Blind Spot« bezeichnet unsere Tendenz zu glauben, dass wir nicht Opfer einer kognitiven Verzerrung sind.

Kreative Superkraft Nr. 45:
Verbessern Sie Ihr Denken

Je klarer Sie sehen, desto schneller erreichen Sie Ihre Ziele. Beschäftigen Sie sich darum mit Denkfehlern. Das Buch »Die Kunst des klaren Denkens« von Rolf Dobelli ist ein guter Anfang.
Oder sind Sie sicher, dass Sie klüger sind als Charles Darwin?

Der ? Nobelpreisträger

Der ?

Der ?

Der vergessliche

Der ?

Der ?

Der ? Nobelpreisträger

• IM JAHR 1928 setzte ein schottischer Bakteriologe in einer Petrischale Staphylokokken an – eine Bakterienart. Als er ein paar Tage später in den Urlaub fuhr, vergaß er, die Petrischale in den Kühlschrank zu stellen, wo sich die Bakterien in Ruhe hätten vermehren sollen. • Aus dem Urlaub zurück, ärgerte sich der Wissenschaftler, dass in der stehen gelassenen Petrischale ein blau-grüner Schimmelpilz gewachsen war. Er wollte die Bakterienkultur schon entsorgen, als er sah, dass sich rings um den Schimmelpilz die Staphylokokken nicht vermehrt hatten. • Der Bakteriologe begann, den Schimmelpilz sorgfältig zu untersuchen. Offenbar gehörte er der Gattung Penicillium an. Darum nannte er den bakterienabtötenden Stoff, den der Schimmelpilz enthielt, Penicillin. • Damit begann die Erfolgsgeschichte der Antibiotika, die bis heute unzähligen Menschen das Leben gerettet haben. Zum Beispiel dann, wenn sie an einer Blut-, Hirnhaut- oder Lungenentzündung erkrankt sind. Alexander Fleming – der Bakteriologe, der vergaß, die Petrischale mit der Bakterienkultur in den Kühlschrank zu stellen – bekam 1945 den Nobelpreis für Medizin. • Auch viele andere wichtige Entdeckungen verdanken wir dem Zufall: vom elektrischen Strom (durch Luigi Galvani) über die Radioaktivität (durch Henri Becquerel) bis zu den Röntgenstrahlen (durch Wilhelm Conrad Röntgen). • Fun Fact: Viagra war ursprünglich als Medikament gegen Blut-

hochdruck gedacht. Doch
weil sich die männlichen
Patienten über eine gewisse
Nebenwirkung freuten,
wurde diese zum heutigen
Verwendungszweck des
Medikaments.

- -
Kreative Superkraft Nr. 46:
Lassen Sie sich vom Zufall helfen
- -
Manchmal macht man die besten Entdeckungen,
während man nach etwas anderem sucht.
Achten Sie darum auf Anomalien, die Ihren
Erwartungen widersprechen. Und werfen
Sie nichts weg, ohne es vorher noch einmal
gründlich angeschaut zu haben.
Es könnte gut sein, dass Ihnen der Zufall
helfen will.

47.

logik

kinder

ÜBERALL AUF dem Eis lagen süße kleine Robben- babys. Mit eingeschlagenem Schädel. Weil Felljäger sie mit einem Baseballschläger totschlugen. Denn je jünger eine Robbe, desto weißer und wertvoller ihr Fell. Man- che Felljäger häuteten die Tiere, während sie noch leb- ten. Dagegen wollte Green- peace in den 1970er-Jahren etwas tun. Aber was? Es gab Hunderte von Felljägern. Doch nur eine Handvoll von Greenpeace-Aktivisten, um sie zu stoppen. Statt zu ver- zweifeln, dachten die muti- gen Tierschützer nach. Warum mussten die Jäger gestoppt werden? Weil sie Robbenbabys töteten. Warum töteten sie Rob- benbabys? Weil sie ihr Fell verkaufen wollten. Warum wollten sie ihr Fell verkau- fen? Weil es kostbar war.

Warum war das Fell kostbar? Weil es weiß war. Also besorgten sich die Greenpeace-Aktivisten grüne Sprühfarbe und sprayten auf jedes Robbenbaby, das sie finden konnten, einen hässlichen Fleck. Den Robbenbabys war das egal. Aber den Jägern vermasselte es das Geschäft. Weil sie das Fell der Robbenbabys nun nicht mehr verkaufen konnten. Denn natürlich wählten die Aktivisten eine Farbe, die sich nicht auswaschen ließ.

Kreative Superkraft Nr. 47:
*Machen Sie aus einem Problem, das Sie
nicht lösen können, ein Problem, das
Sie lösen können*

Die Greenpeace-Aktivisten fanden einen
wirksamen Weg, die Robbenbabys zu schützen,
indem sie die Aufgabe veränderten.
Die Aufgabe war nicht mehr herauszufinden,
wie man die Felljäger stoppt. Die Aufgabe
war es herauszufinden, wie man ihnen das
Geschäft vermasselt.

V

V

EINE

V

V
V

WELTPREMIERE

V
V
V
V
V

L
E
C
K
E

E

• DIE Weltausstellung von 1904 im amerikanischen St. Louis war ein voller Erfolg. 63 Länder nahmen teil – ein neuer Rekord. • Rekorde brach auch die Sommerhitze. Und das bei hoher Luftfeuchtigkeit. Entsprechend lang waren die Schlangen vor den Eis- ständen. • Auch Arnold For- nachou hatte alle Hände voll zu tun. Der Eisverkäufer stand hinter seinem Wagen und füllte pausenlos Eis in kleine Glasschalen. Denn damals wurden sogenannte »Penny Licks« verkauft: Für einen Penny gab es eine Portion Eis in einem klei- nen Glasgefäß. • An einem besonders heißen Tag gingen Fornachou die Glasscha- len aus, da er sie schneller mit Eis füllte, als sie seine Kunden leer schlecken und zurückgeben konnten. Da stand der Gelatiere nun mit jeder Menge leckerem Eis, eine lange Schlange potenzieller Kunden vor sich, aber ohne genug Gefäße, in die er das Eis hätte füllen können. Doch Fornachou hatte Glück. Gleich nebenan verkaufte Ernest Hamwi heiße Waffeln. Beziehungsweise: Er *versuchte*, heiße Waffeln zu verkaufen, denn bei über 30 Grad im Schatten hatte kaum jemand Lust darauf. Hamwi bemerkte, wie die Schlange vor dem Eisstand immer länger wurde. Schon sahen sich die ersten potenziellen Kunden – entnervt vom Warten – nach einem anderen Eisverkäufer um. Da machte es bei Hamwi klick: Was dem Gelatiere fehlte – Behälter für seine gefrorene Köstlichkeit –, das konnte der Waffelverkäufer beisteuern und dabei noch

seine leere Kasse füllen.
Hamwi rollte seine Waffeln
nämlich zu Hörnchen und
reichte sie an den erfreuten
Nachbarn weiter, der sein
Eis jetzt direkt in die frischen
Waffeln schaufeln konnte.
Das neue Waffeleis war ein
Riesenerfolg. Fornachou
und Hamwi wurden regel-
recht belagert und schnell
von anderen Eisverkäufern
kopiert – bald auf der ganzen
Welt.

- -
Kreative Superkraft Nr. 48:
Helfen Sie jemandem aus der Patsche
- -
Ein Waffelverkäufer erfand das Eishörnchen,
weil er sah, dass ein Eisverkäufer nicht
genug Glasschalen hatte.
Wie könnten Sie ebenfalls kreatives
Mitgefühl üben? Und dabei – ganz nebenbei –
Ihr Geschäft ankurbeln?

DAS AMBURAD DAS AMBURAD DAS AMBURAD DAS AMBURAD DAS AMBURAD DAS AMBURAD DAS AMBUR

•NICHT NUR ein Verkehrsunfall kann töten. Sondern auch ein Stau. Weil der Krankenwagen darin stecken bleibt. • Eli Beer aus Jerusalem musste das wieder und wieder erfahren. Regelmäßig kam der Rettungssanitäter zu spät, um Unfallopfern oder akut Erkrankten noch helfen zu können. • Eli begann, am Sinn seines Berufs zu zweifeln. Wie konnte er Menschen helfen, wenn seine Hilfe bei ihnen nicht ankam? Lange wusste Eli nicht, was tun. Doch dann stellte er die kreativste

Frage von allen: Was wäre, wenn? • Was wäre, wenn nicht der Stau das Problem wäre, sondern der Krankenwagen, der darin stecken bleibt? Was wäre, wenn es einen Krankenwagen gäbe, dem der Stau nichts ausmachen würde? Weil der Krankenwagen gar kein Auto wäre, sondern ein ... Motorrad? • Schließlich geht es ja nicht primär darum, dass man einen Verletzten ins Spital bringen kann. Sondern darum, dass der Verletzte so lange überlebt, bis ein vollausgerüsteter Krankenwagen eintrifft. • Also kreierte Eli das Ambucycle – von »ambulance« und »motorcycle«. (Also gleichsam das »Amburad«.) • Ein Ambucycle führt die lebensrettenden Geräte mit, die es auch in einem Krankenwagen

gibt: ein Sauerstoffgerät, eine Absaugpumpe oder einen Defibrillator. • Aber im Unterschied zu einem Krankenwagen kann sich ein Ambucycle durch Staus schlängeln. Auf den Gehsteig ausweichen. Durch

enge Gassen fahren. Oder
was es sonst noch braucht,
um so schnell wie möglich
bei einem Patienten zu sein.
Und das alles, weil Eli Beer
»Was wäre, wenn?« fragte.

- -
Kreative Superkraft Nr. 49:
Fragen Sie: Was wäre, wenn?
- -
Ein Stau ist nur ein Stau,
wenn Sie ein Krankenwagen sind.
Seien Sie kein Krankenwagen.
Seien Sie ein Ambucycle.
Fragen Sie: Was wäre, wenn?

DAS **WUNDER** VON   K Ö L N

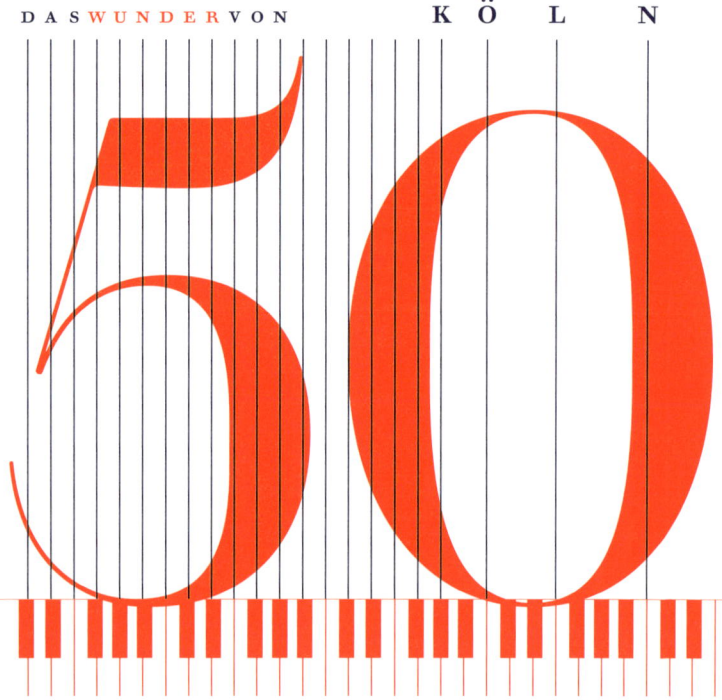

•ES IST NICHT nur das meistverkaufte Soloalbum eines Jazzmusikers. Sondern auch das meistverkaufte Soloalbum eines Pianisten überhaupt. Dabei ging beim legendären »Köln Concert« von Keith Jarrett alles schief, was schiefgehen konnte. • Der Jazzpianist hatte die Nacht zuvor fast kein Auge zugetan, weil er schon früh am Morgen in einem klapprigen Renault R4 von Lausanne nach Köln fahren musste. • Als Jarrett endlich den Konzertsaal betrat, gab es eine böse Überraschung: Statt des von ihm verlangten Flügels stand dort ein viel kleineres Klavier, das noch dazu halb kaputt war. Einige Tasten und die Pedale klemmten. Die oberen und hohen Töne klangen blechern. Und das Klavier war nicht nur viel zu leise – er war auch völlig verstimmt. • Zwar konnte das Instrument bis zum Abend so weit repariert werden, dass Jarrett überhaupt einigermaßen darauf spielen konnte. Trotzdem wollte der Musiker, den noch dazu starke Rückenschmerzen plagten, den Auftritt absagen. Nur die 1400 wartenden Konzertbesucher hielten ihn davon ab. Und die inständige Bitte der Veranstalterin, die gerade mal 18 Jahre alt war. • Also setzte sich Jarrett an den zu kleinen Flügel. Und die Tontechniker starteten die Aufnahme, obwohl sie überzeugt waren, dass das Konzert katastrophal werden würde. Das wurde es nicht. Weil die oberen und hohen Töne so dünn klangen, konzentrierte sich Jarrett auf die mittleren und tiefen Tonlagen. Weil ihm so wenige Töne zur Verfügung standen, begann er, die immer gleichen Klangmuster zu wiederholen. Und weil der Flügel so leise war, drückte der Pianist die Tasten besonders hart, manchmal sogar im Stehen. • Seine improvisierte Musik bekam eine solche Intensität, dass Jarrett 66 Minuten wie in Trance spielte. Als Meilenstein der Musikgeschichte gefeiert, erhebt sich »The Köln Concert« seit mehr als 40 Jahren über Genres wie Jazz oder Klassik. Keith Jarrett spielt an jenem Abend einfach nur unglaublich schöne, unglaublich berührende Musik. Und das auf einem Klavier, das eigentlich auf die Müllhalde gehörte. •

```
- - - - - - - - - - - - - - - - - - - - - - - - - - -
Kreative Superkraft Nr. 50:
Fangen Sie ganz klein an
- - - - - - - - - - - - - - - - - - - - - - - - - - - - - - - - - - -
Alles Schöne, Große und Wichtige beginnt
als etwas Unansehnliches, Kleines und Un-
bedeutendes. Sie müssen nur daran glauben,
dass daraus etwas Schönes, Großes und
Wichtiges entstehen kann.
Sie müssen sich an nur ein kaputtes Klavier
setzen.
```

Dank

Ich danke Karin Schmidt-Friderichs, die solange unzufrieden blieb, bis meine Texte nicht mehr besser werden konnten. • Ich danke Patrick Bittner und Bertram Schmidt-Friderichs, die ein so schönes Buch gestaltet haben, dass es seinen Autor sprachlos macht. • Und ich danke Petra für ihre Liebe.
• *Dominik Imseng*

Über den Autor

Dominik Imseng (*1968) studierte Philosophie, Germanistik und Kunstgeschichte und war freier Journalist, unter anderem als Kolumnist der Schweizer »SonntagsZeitung«. 1998 wechselte er in die Werbung, wo er sich vom Praktikanten zum Creative Director hochtextete. Mittlerweile arbeitet er als kreativer Unternehmensentwickler in Zürich. Dominik schreibt regelmäßig über Kreativität und Innovation, unter anderem in der »NZZ am Sonntag«. Von ihm erschienen auch die Bücher »Ugly Is Only Skin-Deep« (über eine legendäre Werbekampagne für den VW Käfer), »Verrückt? Ich? Warum denn?« (über Journalismus) und »Die Idee ist die Moral der Werbung«. Dominik lebt mit seiner Familie in der Nähe von Zürich.

dominikimseng.com

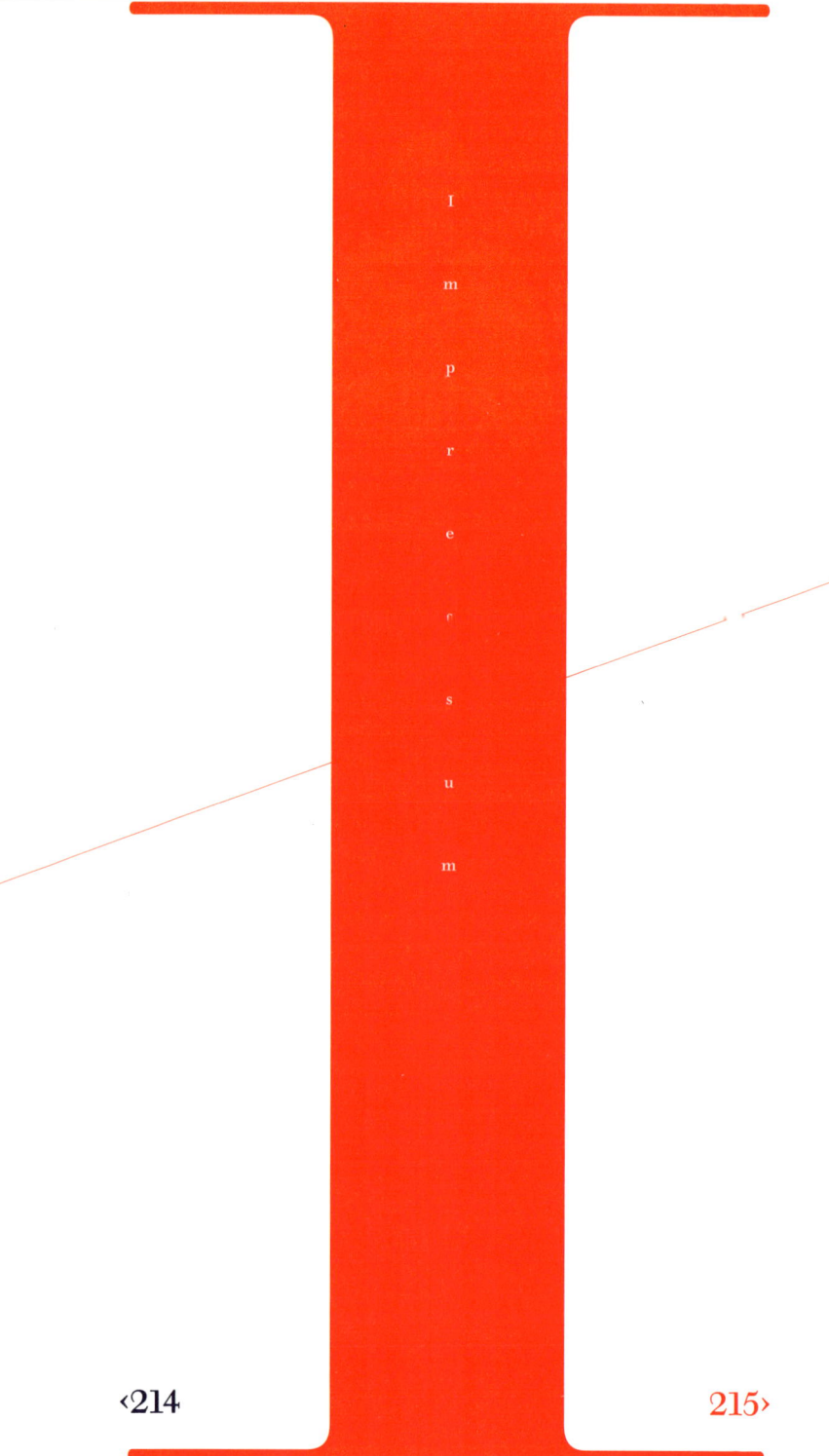

Impressum